Handbuch der

Militärattachés in Deutschland

6. überarbeitete Neuauflage

Verlegt von der ProPress Verlagsgesellschaft mbH Berlin/Bonn
Behörden Spiegel

Impressum

Handbuch der Militärattachés in Deutschland – Ausgabe 2014
Herausgeber: BrigGen a.D. Reimar Scherz und R. Uwe Proll
Redaktionelle Leitung (Behörden Spiegel): Dr. Gerd Portugall
Anzeigenleitung: Helga Woll
Anzeigen: Siegfried Müller
Verlag: ProPress Verlagsgesellschaft mbH
Layout und Umschlagentwurf: SpreeService- und Beratungsgesellschaft mbH Berlin
Druck: Heider Druck GmbH, Bergisch-Gladbach
Verlag und Redaktion: defence@behoerdenspiegel.de
Tel. 030-55 74 12-0, Fax 030-55 74 12-57, 10317 Berlin, Kaskelstr. 41
Tel. 0228-970 97-0, Fax 0228-970 97-75, 53113 Bonn, Friedrich-Ebert-Allee 57
Preis: 18,– Euro; zzgl. 2,- Euro Versand
Alle Rechte vorbehalten. Wegen Personalwechsels können sich Änderungen ergeben.
ISBN Nr. 978-3-934401-29-7

© 2014 by ProPress Publishing Group Berlin/Bonn

Grußwort
des Doyens des Verbandes der ausländischen Militärattachés, Brigadier Mag. Michael Derman, Verteidigungsattaché der Republik Österreich

Zunächst einmal ist der Militärattaché der Berater seines Botschafters in allen Angelegenheiten, welche die Streitkräfte seines Landes wie die des Gastlandes betreffen. Dies gilt ebenfalls für die jeweilige wehrtechnische Industrie. Die Verbindung zu allen relevanten Dienststellen, Organisationen und Industriebetrieben ist daher eine Kernaufgabe. Weiter gehört aber auch der Austausch mit den übrigen akkreditierten Angehörigen des jeweiligen Militärattaché-Korps vor Ort zu den Agenden. Das diplomatische Parkett, auf dem wir uns bewegen, kann zuweilen "glatt" sein. Versorgung mit aktuellen Informationen gibt da Halt.

Das vorliegende aktualisierte Handbuch der Militärattachés in Deutschland enthält solche Informationen. Mittlerweile gehört es zum festen Bestandteil des Militärattaché-Korps und ist besonders für Neuankömmlinge hilfreich. Übersichtlich enthält es Ansprechpartner und die wichtigsten Strukturdaten der einzelnen Staaten wie auch die Namen und Adressen der deutschen Militärattachés im Ausland.

Wissen ist Macht, dieses geflügeltes Wort des britischen Philosophen und Staatsmannes Sir Francis Bacon (1561-1626) hat nichts von seiner Aktualität verloren. Ich wünsche daher dem Handbuch der Militärattachés in Deutschland regen Zuspruch.

Inhalt

Islamische Republik Afghanistan

Verteidigungsattaché
Brigadegeneral Mohammed S. Pashton (Heer)

Botschaft der Islamischen Republik Afghanistan

Taunusstraße 3, 14193 Berlin
Tel.: 030-20 67 35 10, Fax: 030-20 67 35 25

Hauptstadt:	Kabul
Größe:	652.230 km²
Küstenlinie:	–
Staatsform:	Präsidialrepublik
Staatsoberhaupt:	Präsident Hamid Karzai
Bevölkerung	
Einwohner:	35.320.000
Religion:	Muslime 99 %, Andere 1 %
Alphabetisierungsgrad:	Männer 43 %, Frauen 13 %
Durchschnittliche Lebenserwartung:	49 Jahre
Durchschnittsalter:	18 Jahre
Politik und Wirtschaft	
Arbeitslosenquote:	k. A.
Bruttoinlandsprodukt pro Kopf:	570 US-$
Importe gesamt:	6,3 Mrd. US-$
Hauptimportpartner:	–
Exporte gesamt:	0,4 Mrd. US-$
Hauptexportpartner:	–
Unterzeichner der Menschenrechtscharta der UNO:	Ja
Unterzeichner des Atomwaffensperrvertrages:	Ja
Todesstrafe:	Ja
Verteidigung:	
Stärke der Armee:	190.700 Soldaten, Berufsarmee
Anteil des Militäretats gemessen am BIP:	10 %
Atommacht:	Nein

Heer:
184.700 Soldaten,
173 Schützenpanzer
109 Artilleriegeschütze

Luftwaffe:
6.000 Soldaten
35 Transportflugzeuge
57 Hubschrauber

Die ATLAS ELEKTRONIK Gruppe unterstützt weltweit Nationen und ihre Streitkräfte dabei, die See für Schifffahrt und Handel sicherer zu machen. Für diese Mission liefern wir Sonare und hydrographische Sensoren, Führungs- und Kommunikationssysteme für U-Boote und Überwasserschiffe, Minenabwehrsysteme, unbemannte Unterwasserfahrzeuge und Torpedos sowie Küstenüberwachungs- und Verkehrsleitsysteme. Mit ATLAS SERVICES bieten wir unseren Kunden darüber hinaus ein umfangreiches, maßgeschneidertes Dienstleistungs-Programm an. ATLAS ELEKTRONIK – eine über 100-jährige Erfolgsgeschichte, deren solides Fundament zentrale Unternehmenswerte sind: Innovation, Individualität und Zuverlässigkeit.

ATLAS ELEKTRONIK GmbH
Sebaldsbrücker Heerstraße 235 | 28309 Bremen |GERMANY
Phone +49 421 457-02 | www.atlas-elektronik.com

...a sound decision

Arabische Republik Ägypten

Verteidigungsattaché
Brigadegeneral Abdelraouf Moussa (Heer)

Stv. Verteidigungsattaché Oberstleutnant Ahmed El Halawany (Luftwaffe)

Botschaft der Arabischen Republik Ägypten
Reifträgerweg 16, 14129 Berlin
Tel: 030-8 01 97 96 10, Fax: 030-8 01 97 96 20

Hauptstadt:	Kairo
Größe:	1.001.450 km²
Küstenlinie:	2.450 km
Staatsform:	Präsidialrepublik
Staatsoberhaupt:	Interimspräsident Adli Mansur

Bevölkerung

Einwohner:	80.722.000
Religion:	Muslime 80 %, Kopten 11 %
Alphabetisierungsgrad:	Männer: 83 %, Frauen: 60 %
Durchschnittliche Lebenserwartung:	75 Jahre
Durchschnittsalter:	25 Jahre

Politik und Wirtschaft

Arbeitslosenquote:	12,3 %
Bruttoinlandsprodukt pro Kopf:	3.000 US-$
Hauptimporte:	Nahrungsmittel 20 %, Erdöl 15 %
Hauptimportpartner:	VR China 9 %, USA 8 %, Deutschland 7 %
Hauptexporte:	Erdöl 22 %, Nahrungsmittel 18 %
Hauptexportpartner:	Italien 8 %, Indien 7 %, USA 7 %
Unterzeichner der Menschenrechtscharta der UNO:	Ja
Unterzeichner des Atomwaffensperrvertrages:	Ja
Todesstrafe:	Ja

Verteidigung

Stärke der Armee:	438.500 Soldaten, Wehrpflichtarmee
Dauer des Wehrdienstes:	1-3 Jahre, danach 9 Jahre Pflichtreserve
Anteil des Militäretats am BIP:	2,2 %
Atommacht:	Nein

Heer:

310.000 Soldaten
2.497 Kampfpanzer
4.362 Schützenpanzer
4.468 Artilleriegeschütze

Luftwaffe:

180.000 Soldaten
589 Kampfflugzeuge
61 Transportflugzeuge
200 Hubschrauber

Marine:

18.500 Soldaten
4 U-Boote
8 Fregatten
2 Korvetten
53 Küstenschutzboote
14 Minenabwehrboote
4 Transportflugzeuge
19 Hubschrauber

Ägyptisches Kampfflugzeug F-16 Foto: U.S. Air Force/Abbott

Republik Albanien

Verteidigungsattaché
Kapitän zur See Arben Demollari (Marine)

Botschaft der Republik Albanien
Friedrichstraße 231, 10969 Berlin
Tel: 030-25 93 04 0, Fax: 030-25 93 18 90

Hauptstadt:	Tirana
Größe:	28.748 km²
Küstenlinie:	362 km
Staatsform:	Republik
Staatsoberhaupt:	Präsident Bamir Topi

Bevölkerung

Einwohner:	3.162.000
Religion:	Muslime 57 %, Katholiken 10 %, Orthodoxe 7 %
Alphabetisierungsgrad:	Männer 99 %, Frauen 98 %
Durchschnittliche Lebenserwartung:	78 Jahre
Durchschnittsalter:	30 Jahre

Politik und Wirtschaft

Arbeitslosenquote:	k. A.
Bruttoinlandsprodukt pro Kopf:	4.090 US-$
Hauptimporte:	Nahrungsmittel 13 %, Erdöl 12 %
Hauptimportpartner:	Italien 32 %, Griechenland 10 %, VR China 6 %
Hauptexporte:	Erdöl 26 %, Textilien 15 %
Hauptexportpartner:	Italien 51 %, Spanien 9 %, Serbien9 %
Unterzeichner der Menschenrechtscharta der UNO:	Ja
Unterzeichner des Atomwaffensperrvertrages:	Ja
Todesstrafe:	Nein

Verteidigung

Stärke der Armee:	14.250 Soldaten, Wehrpflichtarmee
Dauer des Wehrdienstes:	1 Jahr
Anteil des Militäretats am BIP:	1,5 %
Atommacht:	Nein

Heer:

8.300	Soldaten
3	Kampfpanzer
6	Schützenpanzer
99	Artilleriegeschütze

Luftwaffe:

1.400	Soldaten
21	Hubschrauber

Marine:

1.600	Soldaten
3	Küstenschutzboote
1	Minenabwehrboot

Albanische Piloten an Bord des Hubschrauberträgers "USS Wasp" Foto: U.S. Navy/Ellis

Demokratische Volksrepublik Algerien

Verteidigungsattaché
Oberst i.G. Salah Bouguerne (Marine)

Heeresattaché Oberst i.G. Benyabka Sadat (Heer)

Botschaft der Demokratischen Volksrepublik Algerien
Görschstraße 45-46, 13187 Berlin
Tel: 030-43 73 70, Fax: 030-48 09 87 16

Hauptstadt:	Algier
Größe:	2.381.740 km²
Küstenlinie:	998 km
Staatsform:	Republik
Staatsoberhaupt:	Präsident Abdelaziz Bouteflika

Bevölkerung

Einwohner:	38.482.000
Religion:	Muslime 99 %
Alphabetisierungsgrad:	Männer 80 %, Frauen 60 %
Durchschnittliche Lebenserwartung:	75 Jahre
Durchschnittsalter:	28 Jahre

Politik und Wirtschaft

Arbeitslosenquote:	9,7 %
Bruttoinlandsprodukt pro Kopf:	4.110 US-$
Hauptimporte:	Nahrungsmittel 20 %, Maschinen 17 %
Hauptimportpartner:	Frankreich 15 %, VR China 10 %, Italien 10 %
Hauptexporte:	Erdöl 64 %, chem. Erzeugnisse 1 %
Hauptexportpartner:	USA 21 %, Italien 14 %, Spanien 10 %
Unterzeichner der Menschenrechtscharta der UNO:	Ja
Unterzeichner des Atomwaffensperrvertrages:	Ja
Todesstrafe:	Ja

Verteidigung

Stärke der Armee:	130.000 Soldaten, Wehrpflichtarmee
Dauer des Wehrdienstes:	18 Monate
Anteil des Militäretats am BIP:	4,4 %
Atommacht:	Nein

Heer:

110.000	Soldaten
1.080	Kampfpanzer
1.796	Schützenpanzer
1.019	Artilleriegeschütze

Luftwaffe:

14.000	Soldaten
125	Kampfflugzeuge
68	Transportflugzeuge
154	Hubschrauber

Marine:

6.000	Soldaten
4	U-Boote
3	Fregatten
6	Korvetten
18	Küstenschutzboote
10	Hubschrauber

Algerisches Versorgungsschiff "Soummam" (ANS 937) im Hafen von New York Foto: U.S. Navy /Day

Argentinische Republik

Verteidigungsattaché
Oberst i.G. Eduardo Fogliato (Luftwaffe)

Botschaft der Argentinischen Republik
Kleiststraße 23-26, 10787 Berlin
Tel: 030-2 26 68 90, Fax: 030-2 29 14 00

Hauptstadt:	Buenos Aires
Größe:	2.780.403 km²
Küstenlinie:	4.989 km
Staatsform:	Präsidiale Bundesrepublik
Staatsoberhaupt:	Präsidentin Cristina Fernández de Kirchner

Bevölkerung

Einwohner:	41.087.000
Religion:	Katholiken 76 %, Pfingstkirchler 8 %
Alphabetisierungsgrad:	Männer: 97 %, Frauen: 97 %
Durchschnittliche Lebenserwartung:	77 Jahre
Durchschnittsalter:	31 Jahre

Politik und Wirtschaft

Arbeitslosenquote:	7,2 %
Bruttoinlandsprodukt pro Kopf:	9.740 US-$
Hauptimporte:	chem. Erzeugnisse 20 %, Kfz u. -Teile 17 %
Hauptimportpartner:	Brasilien 30 %, VR China 14 %, USA 11 %
Hauptexporte:	Nahrungsmittel 36 %, Kfz u. -Teile 12 %
Hauptexportpartner:	Brasilien 21 %, VR China 7 %, Chile 6 %
Unterzeichner der Menschenrechtscharta der UNO:	Ja
Unterzeichner des Atomwaffensperrvertrages:	Ja
Todesstrafe:	Nein

Verteidigung

Stärke der Armee:	73.100 Soldaten, Berufsarmee
Anteil des Militäretats am BIP:	0,5 %
Atommacht:	Nein

Heer:

38.500 Soldaten
336 Kampfpanzer
671 Schützenpanzer
1.003 Artilleriegeschütze
18 Transportflugzeuge
55 Hubschrauber

Marine:

20.000 Soldaten
(davon 2.500 Marineinfanteristen)
3 U-Boote
5 Zerstörer
6 Fregatten
3 Korvetten
14 Küstenschutzboote
23 Kampfflugzeuge
12 Hubschrauber

Luftwaffe:

14.600 Soldaten
108 Kampfflugzeuge
37 Transportflugzeuge
35 Hubschrauber

Argentinische Fregatte "Ara Robinson" (CM 45) Foto: U.S. Navy/Cohen

Republik Armenien

Verteidigungsattaché
Oberst i.G. Mher Manucharyan (Heer)

Botschaft der Republik Armenien
Nußbaumallee 4, 14050 Berlin
Tel.: 030-40 50 91-0, Fax: 030/40 50 91-25

Hauptstadt:	Eriwan
Größe:	29.743 km²
Küstenlinie:	–
Staatsform:	Republik
Staatsoberhaupt:	Präsident Serzh Sargsyan

Bevölkerung

Einwohner:	2.969.000
Religion:	Armenisch-Apostolisch 95 %, Andere 5 %
Alphabetisierungsgrad:	Männer 99%, Frauen 99 %
Durchschnittliche Lebenserwartung:	73 Jahre
Durchschnittsalter:	32 Jahre

Politik und Wirtschaft

Arbeitslosenquote:	7,0 %
Bruttoinlandsprodukt pro Kopf:	3.720 US-$
Hauptimporte:	min. Erzeugnisse 21 %, Maschinen 20 %
Hauptimportpartner:	Russland 22 %, Ukraine 6 %, Türkei 6 %
Hauptexporte:	Nichtedelmetalle 30 %, min. Erzeugnisse 25 %
Hauptexportpartner:	Russland 16 %, Bulgarien 16 %, Deutschland 14 %
Unterzeichner der Menschenrechtscharta der UNO:	Ja
Unterzeichner des Atomwaffensperrvertrages:	Ja
Todesstrafe:	Nein

Verteidigung

Stärke der Armee:	48.850 Soldaten, Wehrpflichtarmee
Dauer des Wehrdienstes:	2 Jahre
Anteil des Militäretats gemessen am BIP:	2,8 %
Atommacht:	Nein

Heer:

45.850	Soldaten
110	Kampfpanzer
240	Schützenpanzer
239	Artilleriegeschütze

Luftwaffe:

1.050	Soldaten
15	Kampfflugzeuge
3	Transportflugzeuge
33	Hubschrauber

Verfügbarkeit und sicherer Betrieb über den gesamten Lebenszyklus eines Marineschiffes hinweg – dafür steht Siemens Marine & Shipbuilding. Mit seiner innovativen Technologie und Repräsentanzen in jedem wichtigen Hafen der Welt ist Siemens der kompetente Partner für Automatisierungsanlagen und dieselelektrische Antriebssysteme.

Ihre Zuverlässigkeit trägt entscheidend dazu bei, dass Marineschiffe ihre oft Monate langen Missionen erfolgreich erfüllen und stets sicher in den Heimathafen zurückkehren.

Answers for industry.

Republik Aserbaidschan

Verteidigungsattaché vakant

Stv. Verteidigungsattaché Oberstleutnant Ilgar Aghayev (Heer)

Botschaft der Republik Aserbaidschan
Hubertusallee 43, 14193 Berlin
Tel: 030-2 19 16 13, Fax: 030-21 91 61 52

Hauptstadt:	Baku
Größe:	86.600 km²
Küstenlinie:	713 km
Staatsform:	Republik
Staatsoberhaupt:	Präsident Ilham Alijew

Bevölkerung

Einwohner:	9.298.000
Religion:	Schiiten 65 %, Sunniten 35 %
Alphabetisierungsgrad:	Männer: 99 %, Frauen: 98 %
Durchschnittliche Lebenserwartung:	71 Jahre
Durchschnittsalter:	29 Jahre

Politik und Wirtschaft

Arbeitslosenquote:	6,0 %
Bruttoinlandsprodukt pro Kopf:	6.050 US-$
Hauptimporte:	Maschinen 20 %, Kfz u. -Teile 10 %
Hauptimportpartner:	Türkei 16 %, Russland 14 %, Deutschland 8 %
Hauptexporte:	Erdöl 91 %, Nahrungsmittel (3 %)
Hauptexportpartner:	Russland 16 %, Bulgarien 16 %, Deutschland 14 %
Unterzeichner der Menschenrechtscharta der UNO:	Ja
Unterzeichner des Atomwaffensperrvertrages:	Ja
Todesstrafe:	Nein

Verteidigung

Stärke der Armee:	66.950 Soldaten, Wehrpflichtarmee
Dauer des Wehrdienstes:	18 Monate, 12 Monate für Absolventen einer Universität
Anteil des Militäretats am BIP:	2,6 %
Atommacht:	Nein

Heer:
56.850 Soldaten, 339 Kampfpanzer, 686 Schützenpanzer, 458 Artilleriegeschütze

Marine:
2.200 Soldaten, 1 Korvette, 7 Küstenschutzboote, 4 Minenabwehrboote

Luftwaffe:
7.900 Soldaten, 44 Kampfflugzeuge, 4 Transportflugzeuge, 58 Hubschrauber

- Logistic vehicles
- Tactical vehicles
- Air defence systems
- Weapons and ammunition
- Infantry systems
- Protection systems
- Command and control
- Electro-optical products
- Simulation and training

Australien

Verteidigungsattaché
Oberst i.G. Warrick Paddon (Luftwaffe)

Australische Botschaft
Wallstraße 76 - 79, 10179 Berlin
Tel: 030-8 80 08 80, Fax: 030-8 80 08 83 70

Hauptstadt:	Canberra
Größe:	7.686.850 km²
Küstenlinie:	25.760 km
Staatsform:	Parlamentarische Monarchie
Staatsoberhaupt:	Königin Elizabeth II

Bevölkerung

Einwohner:	22.684.000
Religion:	Katholiken 26 %, Anglikaner 16 %, Uniting Church 6 %, religionslos 30 %
Alphabetisierungsgrad:	Männer 99 %, Frauen 99 %
Durchschnittliche Lebenserwartung:	82 Jahre
Durchschnittsalter:	38 Jahre

Politik und Wirtschaft

Arbeitslosenquote:	5,2 %
Bruttoinlandsprodukt pro Kopf:	59.570 US-$
Hauptimporte:	Erdöl 16 %, Kfz u. -Teile 13 %
Hauptimportpartner:	VR China 18 %, USA (11 %), Japan 8 %
Hauptexporte:	Rohstoffe 44 %, Nahrungsmittel 10 %
Hauptexportpartner:	VR China 30 %, Japan 19 %, Rep. Korea 8 %
Unterzeichner der Menschenrechtscharta der UNO:	Ja
Unterzeichner des Atomwaffensperrvertrages:	Ja
Todesstrafe:	Nein

Verteidigung

Stärke der Armee:	57.050 Soldaten, Berufsarmee
Anteil des Militäretats am BIP:	3,0 %
Atommacht:	Nein

Heer:

28.850	Soldaten
59	Kampfpanzer
1.688	Schützenpanzer
364	Artilleriegeschütze
126	Hubschrauber

Marine:

14.000	Soldaten
6	U-Boote
12	Fregatten
14	Küstenschutzboote
9	Minenabwehrboote
18	Hubschrauber

Luftwaffe:

14.200	Soldaten
142	Kampfflugzeuge
47	Transportflugzeuge
6	Hubschrauber

Australisches Tankflugzeug EB-707 betankt eine F/A-18 der US-Marine Foto: U.S. Navy/Gortney

Königreich Belgien

Verteidigungsattaché
Oberst Frank Claeys (Heer)

Botschaft des Königreichs Belgien
Jägerstraße 52–53, 10117 Berlin
Tel: 030-206420, Fax: 030-20642200

Offizieller Name:	Königreich Belgien
Hauptstadt:	Brüssel
Größe:	32.545 km²
Küstenlinie:	67 km
Staatsform:	Konstitutionelle Monarchie
Staatsoberhaupt:	König Philippe

Bevölkerung

Einwohner:	11.142.000
Religion:	Katholiken 75 %, Muslime 4 %, Protestanten 0,7 %
Alphabetisierungsgrad:	Männer 99 %, Frauen 99 %
Durchschnittliche Lebenserwartung:	79 Jahre
Durchschnittsalter:	41 Jahre

Politik und Wirtschaft

Arbeitslosenquote:	7,6 %
Bruttoinlandsprodukt pro Kopf:	44.990 US-$
Hauptimporte:	chem. Erzeugnisse 23 %, Erdöl 13 %
Hauptimportpartner:	Niederlande 21 %, Deutschland 14 %, Frankreich 11 %
Hauptexporte:	chem. Erzeugnisse 28 %, Erdöl 9 %
Hauptexportpartner:	Deutschland 18 %, Frankreich 16 %, Niederlande 13 %
Unterzeichner der Menschenrechtscharta der UNO:	Ja
Unterzeichner des Atomwaffensperrvertrages:	Ja
Todesstrafe:	Nein

Verteidigung

Stärke der Armee:	32.650 Soldaten, Berufsarmee
Anteil des Militäretats am BIP:	1,3 %

Atommacht: Nein

Heer:

11.950	Soldaten
30	Kampfpanzer
337	Schützenpanzer
105	Artilleriegeschütze

Luftwaffe:

5.450	Soldaten
88	Kampfflugzeuge
19	Transportflugzeuge
27	Hubschrauber

Marine:

1.500	Soldaten
2	Fregatten
1	Küstenschutzboot
5	Minenabwehrboote
3	Hubschrauber

Belgische "Blauhelm"-Soldaten im Libanon Foto: Ministère de la Défence

Republik Botsuana

Verteidigungsattaché (vakant)

Botschaft der Republik Botsuana
Avenue De Tervuren 169, B-1150 Brüssel
Tel.: +32-2 73 520 70, Fax: +32-2 73 563 18

Hauptstadt:	Gaborone
Größe:	581.730 km²
Küstenlinie:	–
Staatsform:	Republik
Staatsoberhaupt:	Präsident Generalleutnant Seretse Khama Ian Khama

Bevölkerung

Einwohner:	2.004.000
Religion:	Christen 72 %, Ohne Religion 20 %, Naturreligion 6 %, Andere 2 %
Alphabetisierungsgrad:	Männer 80 %, Frauen 82 %
Durchschnittliche Lebenserwartung:	56 Jahre
Durchschnittsalter:	22 Jahre

Politik und Wirtschaft

Arbeitslosenquote:	k. A.
Bruttoinlandsprodukt pro Kopf:	7.720 US-$
Importe gesamt:	7,27 Mrd. US-$
Hauptimportpartner:	Südafrika
Exporte gesamt:	5,88 Mrd. US-$
Hauptexportpartner:	Großbritannien
Unterzeichner der Menschenrechtscharta der UNO:	Nein
Unterzeichner des Atomwaffensperrvertrages:	Ja
Todesstrafe:	Ja

Verteidigung

Stärke der Armee:	9.000 Soldaten, Berufsarmee
Anteil des Militäretats gemessen am BIP:	3,3 %
Atommacht:	Nein
Soldaten bei aktuellen Missionen der UNO:	0
Verluste insgesamt bei Missionen der UNO:	2

Heer :
8.500 Soldaten, 55 Kampfpanzer
228 Schützenpanzer, 46 Artilleriegeschütze

Luftwaffe:
500 Soldaten, 33 Kampfflugzeuge,
19 Transportflugzeuge, 15 Hubschrauber

Föderative Republik Brasilien

Verteidigungs- und Marineattaché Kapitän zur See Ricardo Alves de Barros (Marine)

Heeres- und Luftwaffenattaché Oberst Carlos Dahmer (Heer)

Botschaft der Föderativen Republik Brasilien
Wallstraße 57, 10179 Berlin
Tel: 030-72 62 80, Fax: 030-72 62 83 20

Hauptstadt:	Brasilia
Größe:	8.514.877 km²
Küstenlinie:	7.367 km
Staatsform:	Präsidiale Bundesrepublik
Staatsoberhaupt:	Präsidentin Dilma Vana Rousseff

Bevölkerung

Einwohner:	198.656.000
Religion:	Katholiken 65 %, Pfingstler 13 %, religionslos 8 %
Alphabetisierungsgrad:	Männer 88 %, Frauen 89 %
Durchschnittliche Lebenserwartung:	73 Jahre
Durchschnittsalter:	29 Jahre

Politik und Wirtschaft

Arbeitslosenquote:	5,5 %
Bruttoinlandsprodukt pro Kopf:	11.630 US-$
Hauptimporte:	chem. Erzeugnisse 23 %, Maschinen 14 %
Hauptimportpartner:	USA 15 %, VR China 15 %, Argentinien 7 %
Hauptexporte:	Rohstoffe 26 %, Nahrungsmittel 22 %
Hauptexportpartner:	VR China 17 %, USA 11 %, Argentinien 7 %
Unterzeichner der Menschenrechtscharta der UNO:	Ja
Unterzeichner des Atomwaffensperrvertrages:	Ja
Todesstrafe:	Nein

Verteidigung

Stärke der Armee:	318.500 Soldaten, Wehrpflichtarmee
Dauer des Wehrdienstes:	9-12 Monate
Anteil des Militäretats am BIP:	1,3 %
Atommacht:	Nein

Heer:

190.000	Soldaten
591	Kampfpanzer
807	Schützenpanzer
1.805	Artilleriegeschütze
78	Hubschrauber

Marine:

59.000	Soldaten
5	U-Boote
1	Flugzeugträger
3	Zerstörer
11	Fregatten
44	Küstenschutzboote
6	Minenabwehrboote
12	Kampfflugzeuge
68	Hubschrauber

Luftwaffe:

69.500	Soldaten
234	Kampfflugzeuge
199	Transportflugzeuge
91	Hubschrauber

Brasilianisches Transportflugzeug C-295 "Persuader" Foto: CASA

FULL SPECTRUM PROTECTION
WE GO FURTHER

- Modulares Bekleidungssystem, das in allen Schichten aufeinander abgestimmt ist und den Träger in allen Klimazonen befähigt, seinen Auftrag auszuführen.
- Bei maximaler ballistischer Schutzleistung gewährt das System einen hohen Tragekomfort und eine extreme Bewegungsfreiheit.

www.bluecher.com

Republik Bulgarien

Heeres-, Luftwaffen- und Marineattaché Oberstleutnant i.G. Yuri Pavlov (Heer)

Botschaft der Republik Bulgarien
Mauerstraße 11, 10117 Berlin
Tel: 030-2 01 09 22, Fax: 030-2 08 68 38

Hauptstadt:	Sofia
Größe:	110.100 km²
Küstenlinie:	354 km
Staatsform:	Republik
Staatsoberhaupt:	Präsident Rosen Plevneliev
Bevölkerung	
Einwohner:	7.305.000
Religion:	Orthodoxe 76 %, religionslos 12 %, Muslime 10 %
Alphabetisierungsgrad:	Männer 99 %, Frauen 98 %
Durchschnittliche Lebenserwartung:	74 Jahre
Durchschnittsalter:	42 Jahre
Politik und Wirtschaft	
Arbeitslosenquote:	12,3 %
Bruttoinlandsprodukt pro Kopf:	6.870 US-$
Hauptimporte:	Erdöl 18 %, chem. Erzeugnisse 11 %
Hauptimportpartner:	Russland 21 %, Deutschland 11 %, Italien 7 %
Hauptexporte:	Nichtedelmetalle 14 %, Erdöl 11 %
Hauptexportpartner:	Deutschland 10 %, Türkei 10 %, Italien 9 %
Unterzeichner der Menschenrechtscharta der UNO:	Ja
Unterzeichner des Atomwaffensperrvertrages:	Ja
Todesstrafe:	Nein
Verteidigung	
Stärke der Armee:	31.300 Soldaten, Berufsarmee
Anteil des Militäretats am BIP:	2,6 %
Atommacht:	Nein

Heer:

16.300	Soldaten
80	Kampfpanzer
287	Schützenpanzer
311	Artilleriegeschütze

Luftwaffe:

6.700	Soldaten
42	Kampfflugzeuge
7	Transportflugzeuge
30	Hubschrauber

Marine:

3.450	Soldaten
4	Fregatten
6	Küstenschutzboote
6	Minenabwehrboote
3	Hubschrauber

Zwei bulgarische Kampfflugzeuge MiG-21 Foto: U.S. Air Force

Burkina Faso
Verteidigungsattaché
Colonel Major i.G. Abdoulaye Barro

Botschaft von Burkina Faso
Karolingerplatz 10 – 11, 14052 Berlin
Tel: 030-30 10 59 90, Fax: 030-3 01 05 99 20

Hauptstadt:	Ouagadougou
Größe:	274 200 km^2
Küstenlinie:	–
Staatsform:	Präsidialrepublik
Staatsoberhaupt:	Präsident Blaise Compaoré

Bevölkerung

Einwohner:	16.460.000
Religion:	Muslime 50 %, indigene Religionen 35 %, Katholiken 15 %
Alphabetisierungsgrad:	Männer 29 %, Frauen 15 %
Durchschnittliche Lebenserwartung:	54 Jahre
Durchschnittsalter:	17 Jahre

Politik und Wirtschaft

Arbeitslosenquote:	k. A.
Bruttoinlandsprodukt pro Kopf:	670 US-$
Hauptimporte:	Maschinen, chem. Erzeugnisse, Brennstoffe
Hauptimportpartner:	Frankreich, Elfenbeinküste, Togo
Hauptexporte:	Baumwolle, Tiere
Hauptexportpartner:	Togo, Ghana, Elfenbeinküste
Unterzeichner der Menschenrechtscharta der UNO:	Ja
Unterzeichner des Atomwaffensperrvertrages:	Ja
Todesstrafe:	Ja

Verteidigung

Stärke der Armee:	11.200 Soldaten, Berufsarmee
Anteil des Militäretats am BIP:	1,1 %
Atommacht:	Nein

Heer:

6.400 Soldaten
96 Schützenpanzer
18 Artilleriegeschütze

Luftwaffe:

600 Soldaten
5 Kampfflugzeuge
6 Transportflugzeuge
6 Hubschrauber

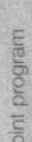

DIE BESATZUNG STEHT IM MITTELPUNKT.

Dieser Anspruch definiert alle KMW-Systeme – im Zentrum von Schutz, Mobilität und Feuerkraft.

Jahrzehntelange Erfahrung und kontinuierliche Forschung & Entwicklung bilden hierfür die Basis.

Das Ergebnis: ein überlegenes Produktportfolio für anspruchsvollste Missionen.

| www.kmweg.de |

Republik Chile

Verteidigungs-, Heeres-, Luftwaffen- und Marineattaché Oberst i.G. Renato Rondanelli (Heer)

Botschaft der Republik Chile
Mohrenstraße 42, 10117 Berlin
Tel: 030-7 26 20 35, Fax: 030-7 26 20 36 03

Hauptstadt:	Santiago de Chile
Größe:	756.096 km²
Küstenlinie:	6.339 km
Staatsform:	Präsidialrepublik
Staatsoberhaupt:	Präsident Sebastián Piñera

Bevölkerung

Einwohner:	17.465.000
Religion:	Katholiken 67 %, Protestanten 17 %, religionslos 12 %
Alphabetisierungsgrad:	Männer: 96 %, Frauen: 96 %
Durchschnittliche Lebenserwartung:	78 Jahre
Durchschnittsalter:	32 Jahre

Politik und Wirtschaft

Arbeitslosenquote:	6,4 %
Bruttoinlandsprodukt pro Kopf:	14.280 US-$
Hauptimporte:	Erdöl 19 %, Kfz 12 %
Hauptimportpartner:	USA 20 %, VR China 17 %, Brasilien 8 %
Hauptexporte:	Nichtedelmetalle 38 %, Rohstoffe 29 %
Hauptexportpartner:	VR China 23 %, Japan 11 %, USA 11 %
Unterzeichner der Menschenrechtscharta der UNO:	Ja
Unterzeichner des Atomwaffensperrvertrages:	Ja
Todesstrafe:	Nein

Verteidigung

Stärke der Armee:	59.050 Soldaten, Berufsarmee
Anteil des Militäretats am BIP:	2,1 %
Atommacht:	Nein

Heer:

35.000 Soldaten
253 Kampfpanzer
617 Schützenpanzer
1.005 Artilleriegeschütze
26 Hubschrauber

Luftwaffe:

7.300 Soldaten
79 Kampfflugzeuge
38 Transportflugzeuge
31 Hubschrauber

Marine:

15.500 Soldaten
4 U-Boote
1 Zerstörer
7 Fregatten
13 Küstenschutzboote
22 Kampfflugzeuge
3 Transportflugzeuge
26 Hubschrauber

Transportflugzeug C-295 der chilenischen Marineflieger Foto: CASA

Volksrepublik China

Verteidigungs-, Luftwaffen- und Marineattaché Brigadegeneral Yiun Zhang (Heer)

Stv. Verteidigungsattaché Großoberst Yuxin Yuan (Luftwaffe)
Stv. Verteidigungsattaché Oberst i.G. Xuelin Jiang (Heer)
Stv. Heeresattaché Großoberst Yixiang Zhuang (Heer)

Botschaft der Volksrepublik China
Märkisches Ufer 54, 10179 Berlin
Tel: 030-27 58 80, Fax: 030-27 58 82 21

Hauptstadt:	Peking
Größe:	9.596.961 km²
Küstenlinie:	14.500 km
Staatsform:	Sozialistische Volksrepublik
Staatsoberhaupt:	Präsident Xi Jinping

Bevölkerung

Einwohner:	1.358.406.000
Religion:	100 Mio. Buddhisten, 30 Mio. Daoisten, 20 Mio. Muslime
Alphabetisierungsgrad:	Männer 96 %, Frauen 89 %
Durchschnittliche Lebenserwartung:	75 Jahre
Durchschnittsalter:	36 Jahre

Politik und Wirtschaft

Arbeitslosenquote:	4,1 % (offiziell in den Städten)
Bruttoinlandsprodukt pro Kopf:	5.740 US-$
Hauptimporte:	Elektronik 18 %, Rohstoffe 16 %
Hauptimportpartner:	Japan 11 %, Rep. Korea 9 %, Rep. China 7 %
Hauptexporte:	Elektronik 26 %, Textilien 13 %
Hauptexportpartner:	USA 17 %, Hongkong 14 %, Japan 8 %
Unterzeichner der Menschenrechtscharta der UNO:	Nein
Unterzeichner des Atomwaffensperrvertrages:	Ja
Todesstrafe:	Ja

Verteidigung

Stärke der Armee:	2.285.000 Soldaten, Wehrpflichtarmee
Dauer des Wehrdienstes:	2 Jahre
Anteil des Militäretats am BIP:	2,6 %
Atommacht:	Ja

Nuklear-strategische Kräfte:

100.000	Soldaten
4	U-Boote mit ballistischen Raketen
72	Interkontinentalraketen
122	Mittelstreckenraketen
252	Kurzstreckenraketen
Ca.	250 Sprengköpfe

Heer:

1.600.000	Soldaten
8.230	Kampfpanzer
5.050	Schützenpanzer
12.367	Artilleriegeschütze
8	Transportflugzeuge
677	Hubschrauber

Marine:

255.000 Soldaten
(einschließlich 10.000 Marineinfanteristen)

61	U-Boote
1	Flugzeugträger
14	Zerstörer
62	Fregatten
211	Küstenschutzboote
47	Minenabwehrboote
341	Kampfflugzeuge
66	Transportflugzeuge
103	Hubschrauber

Luftwaffe:

330.000	Soldaten
1.903	Kampfflugzeuge
326	Transportflugzeuge
50	Hubschrauber

Chinesischer Zerstörer "Shenzhen" (DDG 167) im Hafen von Guam Foto: U.S. Navy/Miller

Königreich Dänemark

Verteidigungsattaché
Oberst i. G. Steffen Wied (Heer)

Botschaft des Königreichs Dänemark
Rauchstraße 1, 10787 Berlin
Tel: 030-50 50 20 00, Fax: 030-50 50 20 50

Hauptstadt:	Kopenhagen
Größe:	2.210.579 km²
Küstenlinie:	7.314 km
Staatsform:	Parlamentarische Monarchie
Staatsoberhaupt:	Königin Margrethe II

Bevölkerung

Einwohner:	5.590.000
Religion:	Lutheraner 81 %, Muslime 4 %
Alphabetisierungsgrad:	Männer 99 %, Frauen 99 %
Durchschnittliche Lebenserwartung:	79 Jahre
Durchschnittsalter:	41 Jahre

Politik und Wirtschaft

Arbeitslosenquote:	7,5 %
Bruttoinlandsprodukt pro Kopf:	59.770 US-$
Hauptimporte:	chem. Erzeugnisse 12 %, Nahrungsmittel 12 %
Hauptimportpartner:	Deutschland 21 %, Schweden 13 %, Niederlande 7 %
Hauptexporte:	chem. Erzeugnisse 17 %, Nahrungsmittel 17 %
Hauptexportpartner:	Deutschland 16 %, Schweden 13 %, Großbritannien 9 %
Unterzeichner der Menschenrechtscharta der UNO:	Ja
Unterzeichner des Atomwaffensperrvertrages:	Ja
Todesstrafe:	Nein

Verteidigung

Stärke der Armee:	16.4.50 Soldaten, Wehrpflichtarmee
Dauer des Wehrdienstes:	4 – 12 Monate
Anteil des Militäretats am BIP:	1,3 %
Atommacht:	Nein

Heer:

7.950 Soldaten
60 Kampfpanzer
635 Schützenpanzer
44 Artilleriegeschütze

Marine:

3.000 Soldaten
1 Zerstörer
4 Fregatten
9 Küstenschutzboote
7 Minenabwehrboote

Luftwaffe:

3.050 Soldaten
45 Kampfflugzeuge
7 Transportflugzeuge
29 Hubschrauber

Dänisches Kampfflugzeug F-16 Foto: U.S. Air Force

Republik Ecuador

Verteidigungsattaché
Oberst i.G. Ramiro Aldas Moran (Heer)

Botschaft der Republik Ecuador
Joachimstaler Straße 10 – 12, 10719 Berlin
Tel: 030-8 00 96 95 00, Fax: 030-8 00 96 96 99

Hauptstadt:	Quito
Größe:	283.561 km²
Küstenlinie:	2.237 km
Staatsform:	Präsidialdemokratie
Staatsoberhaupt:	Präsident Rafael Correa Delgado

Bevölkerung

Einwohner:	15.492.000
Religion:	Katholiken 85 %
Alphabetisierungsgrad:	Männer 92 %, Frauen 90 %
Durchschnittliche Lebenserwartung:	76 Jahre
Durchschnittsalter:	26 Jahre

Politik und Wirtschaft

Arbeitslosenquote:	5,3 %
Bruttoinlandsprodukt pro Kopf:	5.190 US-$
Hauptimporte:	Erdöl 18 %, chem. Erzeugnisse 15 %
Hauptimportpartner:	USA 27 %, VR China 9 %, Kolumbien 9 %
Hauptexporte:	Erdöl 58 %, Nahrungsmittel 28 %
Hauptexportpartner:	USA 45 %, Peru 8 %, Chile 8 %
Unterzeichner der Menschenrechtscharta der UNO:	Ja
Unterzeichner des Atomwaffensperrvertrages:	Ja
Todesstrafe:	Nein

Verteidigung

Stärke der Armee:	58.000 Soldaten, Wehrpflichtarmee
Dauer des Wehrdienstes:	1 Jahr
Anteil des Militäretats am BIP:	2,3 %
Atommacht:	Nein

Heer:

46.500 Soldaten
24 Kampfpanzer
123 Schützenpanzer
541 Artilleriegeschütze
17 Transportflugzeuge
36 Hubschrauber

Luftwaffe:

4.200 Soldaten
48 Kampfflugzeuge
37 Transportflugzeuge
16 Hubschrauber

Marine:

7.300 Soldaten
(einschließlich 2.150 Marineinfanteristen)
2 U-Boote
2 Fregatten
6 Korvetten
3 Küstenschutzboote
3 Transportflugzeuge
9 Hubschrauber

Ecuadorianisches Segelschulschiff "BAE Guayas" (BE 21) Foto: U.S. Navy/Wilson

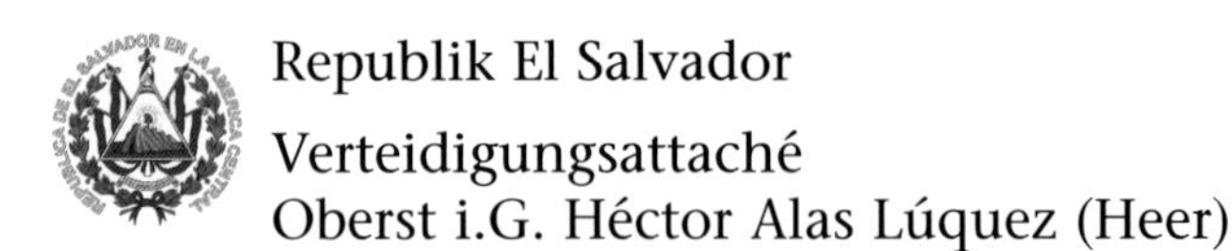

Republik El Salvador

Verteidigungsattaché
Oberst i.G. Héctor Alas Lúquez (Heer)

Botschaft der Republik El Salvador
Joachim-Karnatz-Allee 47, 10557 Berlin
Tel: 030-2 06 46 60, Fax: 030-22 48 82 44
Dienstsitz: Madrid

Hauptstadt:	San Salvador
Größe:	21.040 km²
Küstenlinie:	307 km
Staatsform:	Republik
Staatsoberhaupt:	Präsident Carlos Mauricio Funes Cartagena

Bevölkerung

Einwohner:	6.297.000
Religion:	Katholiken 65 %, Protestanten 28 %
Alphabetisierungsgrad:	Männer 83 %, Frauen 80 %
Durchschnittliche Lebenserwartung:	74 Jahre
Durchschnittsalter:	24 Jahre

Politik und Wirtschaft

Arbeitslosenquote:	5,7 %
Bruttoinlandsprodukt pro Kopf:	3.580 US-$
Hauptimporte:	Erdöl 17 %, chem. Erzeugnisse 16 %
Hauptimportpartner:	USA 38 %, Guatemala 10 %, Mexiko 7 %
Hauptexporte:	Textilien 41 %, Nahrungsmittel 21 %
Hauptexportpartner:	USA 47 %, Honduras 14 %, Guatemala 13 %
Unterzeichner der Menschenrechtscharta der UNO:	Ja
Unterzeichner des Atomwaffensperrvertrages:	Ja
Todesstrafe:	Nein

Verteidigung

Stärke der Armee:	15.300 Soldaten, Wehrpflichtigen Armee
Dauer des Wehrdienstes:	12 Monate für Mannschaftsdienstgrade, 11 Monate für Offiziere
Anteil des Militäretats am BIP:	0,6 %
Atommacht:	Nein

Heer:

13.850 Soldaten
43 Schützenpanzer
217 Artilleriegeschütze

Marine:

700 Soldaten
11 Küstenschutzboote

Luftwaffe:

750 Soldaten
16 Kampfflugzeuge
10 Transportflugzeuge
32 Hubschrauber

Scharfschützen der salvadorianischen Streitkräfte Foto: DVIDHUB/flickr

Republik Estland

Verteidigungsattaché
Fregattenkapitän Roman Lukas (Marine)

Botschaft der Republik Estland
Hildebrandstraße 5, 10785 Berlin
Tel.: 030-25 46 06 00, Fax: 030-25 46 06 01

Hauptstadt:	Tallinn
Größe:	45.227 km²
Küstenlinie:	3.794 km
Staatsform:	Republik
Staatsoberhaupt:	Präsident Toomas Hendrik Ilves
Bevölkerung	
Einwohner:	1.339.000
Religion:	religionslos 33 %, Lutheraner 11 %, Orthodoxe 10 %
Alphabetisierungsgrad:	Männer 99 %, Frauen 99 %
Durchschnittliche Lebenserwartung:	74 Jahre
Durchschnittsalter:	41 Jahre
Politik und Wirtschaft	
Arbeitslosenquote:	10,2 %
Bruttoinlandsprodukt pro Kopf:	15.830 US-$
Hauptimporte:	Energie 14 %, chem. Erzeugnisse 11 %
Hauptimportpartner:	Finnland 14 %, Schweden 10 %, Deutschland 10 %
Hauptexporte:	Energie 15 %, Elektronik 12 %
Hauptexportpartner:	Schweden 16 %, Finnland 15 %, Russland 12 %
Unterzeichner der Menschenrechtscharta der UNO:	Ja
Unterzeichner des Atomwaffensperrvertrages:	Ja
Todesstrafe:	Nein
Verteidigung	
Stärke der Armee:	5.750 Soldaten, Wehrpflichtarmee
Dauer des Wehrdienstes:	8-11 Monate
Anteil des Militäretats am BIP:	2,0 %
Atommacht:	Nein

Heer:
5.300 Soldaten, 130 Schützenpanzer, 334 Artilleriegeschütze

Marine:
200 Soldaten, 1 Küstenschutzboot, 4 Minenabwehrboote

Luftwaffe:
250 Soldaten, 2 Transportflugzeuge, 4 Hubschrauber

Faster deployment

GLF - Armoured Logistics Vehicles off-the-shelf

Armed forces are increasingly confronted with new threats in operation areas. Military transport vehicles in particular require special protection concepts for the safety of their crew. Mercedes-Benz has reacted to this challenge and offers logistics vehicles as a series product: market-available, efficient, economical and offering the high quality advantages of large-scale series production. The GLF models Actros, Zetros and Unimog U 5000 can be delivered within just a few months. Spare parts are available quickly and for many years. Identical control elements in armoured and non-armoured versions enhance operating safety and minimise training requirements. With armoured logistics vehicles from Mercedes-Benz, logistical transport is safer, procurement is simpler, faster and more cost effective. Mobilising safety and efficiency: www.mercedes-benz.com/military-vehicles

A Daimler Brand

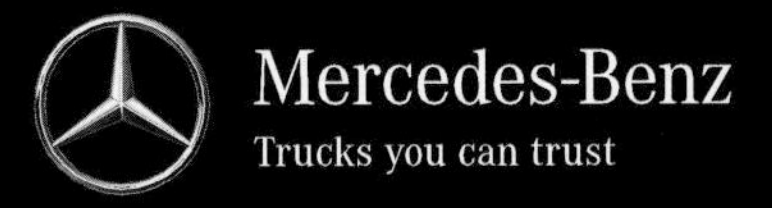

Republik Finnland

Verteidigungsattaché
Kapitän zur See Juha Pallaspuro (Marine)

Oberstleutnant i.G. Kimmo Tarvainen (Heer)

Botschaft der Republik Finnland
Rauchstraße 1, 10787 Berlin
Tel: 030-50 50 30, Fax: 030-50 50 33 33

Hauptstadt:	Helsinki
Größe:	338.145 km²
Küstenlinie:	1.250 km
Staatsform:	Republik
Staatsoberhaupt:	Präsidentin Tarja Halonen
Bevölkerung	
Einwohner:	5.414.000
Religion:	Lutheraner 76 %, religionslos 20 %, Orthodoxe 4 %
Alphabetisierungsgrad:	Männer 99 %, Frauen 99 %
Lebenserwartung:	79 Jahre
Durchschnittsalter:	43 Jahre
Politik und Wirtschaft:	
Arbeitslosenquote:	7,7 %
Bruttoinlandsprodukt pro Kopf:	46.940 US-$
Hauptimporte:	Erdöl 17 %, chem. Erzeugnisse 11 %
Hauptimportpartner:	Russland 18 %, Schweden 15 %, Deutschland 14 %
Hauptexporte:	Maschinen 17 %, Papier 12 %
Hauptexportpartner:	Schweden 11 %, Russland 10 %, Deutschland 9 %
Unterzeichner der Menschenrechtscharta der UNO:	Ja
Unterzeichner des Atomwaffensperrvertrages:	Ja
Todesstrafe:	Nein
Verteidigung:	
Stärke der Armee:	22.200 Soldaten, Wehrpflichtarmee
Dauer des Wehrdienstes:	6 Monate bis 1 Jahr
Anteil des Militäretats am BIP:	2 %
Atommacht:	Nein

Heer:

16.000	Soldaten
100	Kampfpanzer
859	Schützenpanzer
678	Artilleriegeschütze
22	Hubschrauber

Marine:

3.500	Soldaten
8	Küstenschutzboote
17	Minenabwehrboote

Luftwaffe:

2.700	Soldaten
109	Kampfflugzeuge
11	Transportflugzeuge

Finnisches Kampfflugzeug F/A-18 "Hornet" Foto: Portugall

Französische Republik

Verteidigungs- und Heeresattaché
Generalmajor Philippe Chalmel (Heer)

Luftwaffenattaché Oberst i.G. Guillaume Gauthier (Luftwaffe)
Marineattaché Kapitän zur See Bertrand Drescher (Marine)
Attaché für Wehrtechnik Oberst Dipl.-Ing. Yves-Marie Gourlin (Rüstung)
Stv. Wehrtechnischer Attaché Oberst i.G Dipl.-Ing. Patrick Lefort (Rüstung)

Botschaft der Französischen Republik
Pariser Platz 5, 10117 Berlin
Tel: 030-5 90 03 90 00, Fax: 030-5 90 03 91 10

Hauptstadt:	Paris
Größe:	632.934 km²
Küstenlinie:	4.668 km
Staatsform:	Präsidialrepublik
Staatsoberhaupt:	Präsident François Hollande

Bevölkerung

Einwohner:	65.697.000
Religion:	Katholiken 64 %, Muslime 4 %, Protestanten 2 %
Alphabetisierungsgrad:	Männer 99 %, Frauen 99 %
Durchschnittliche Lebenserwartung:	81 Jahre
Durchschnittsalter:	40 Jahre

Politik und Wirtschaft

Arbeitslosenquote:	10,2 %
Bruttoinlandsprodukt pro Kopf:	41.750 US-$
Hauptimporte:	Hightech 20 %, Transportmittel 15 %
Hauptimportpartner:	Deutschland 17 %, VR China 8 %, Belgien 8 %
Hauptexporte:	Transportmittel 20 %, Hightech 19 %
Hauptexportpartner:	Deutschland 16 %, Italien 8 %, Belgien 7 %
Unterzeichner der Menschenrechtscharta der UNO:	Ja
Unterzeichner des Atomwaffensperrvertrages:	Ja
Todesstrafe:	Nein

Verteidigung

Stärke der Armee:	228.850 Soldaten, Berufsarmee
Anteil des Militäretats am BIP:	2,6 %
Atommacht:	Ja

Nuklear-strategische Kräfte:

4.000 Soldaten
4 U-Boote mit ballistischen Raketen
65 Bomber
Ca. 300 Sprengköpfe

Heer:

122.500 Soldaten
254 Kampfpanzer
6.440 Schützenpanzer
375 Artilleriegeschütze
380 Hubschrauber

Marine:

38.650 Soldaten
(einschließlich 2.500 Marineinfanteristen)
6 U-Boote
1 Flugzeugträger
12 Zerstörer
11 Fregatten
20 Küstenschutzboote
18 Minenabwehrboote
78 Kampfflugzeuge
27 Transportflugzeuge
87 Hubschrauber

Luftwaffe:

49.850 Soldaten
336 Kampfflugzeuge
115 Transportflugzeuge
80 Hubschrauber

Kampfflugzeug "Rafale" der französischen Marineflieger Foto: Portugall

Georgien

Verteidigungsattaché
Oberstleutnant Gela Giorgadze (Heer)

Botschaft von Georgien
Rauchstraße 11, 10787 Berlin
Tel: 030-484 90 70, Fax: 030-48 49 07 20

Hauptstadt:	Tiflis
Größe:	69.700 km²
Küstenlinie:	310 km
Staatsform:	Republik
Staatsoberhaupt:	Präsident Giorgi Margwelaschwili

Bevölkerung

Einwohner:	4.512.000
Religion:	Orthodoxe 84 %, Muslime 10 %
Alphabetisierungsgrad:	Männer 99 %, Frauen 99 %
Durchschnittliche Lebenserwartung:	77 Jahre
Durchschnittsalter:	39 Jahre

Politik und Wirtschaft

Arbeitslosenquote:	15,1 %
Bruttoinlandsprodukt pro Kopf:	3.280 US-$
Hauptimporte:	Erdöl, Kfz
Hauptimportpartner:	Türkei 18 %, Ukraine 10 %, Aserbaidschan 7 %
Hauptexporte:	Kfz, Eisenlegierungen, Dünger
Hauptexportpartner:	Aserbaidschan 20 %, Türkei 10 %, Armenien 10 %
Unterzeichner der Menschenrechtscharta der UNO:	Ja
Unterzeichner des Atomwaffensperrvertrages:	Ja
Todesstrafe:	Nein

Verteidigung

Stärke der Armee:	20.650 Soldaten, Wehrpflichtarmee
Dauer des Wehrdienstes:	18 Monate
Anteil des Militäretats am BIP:	1,9 %
Atommacht:	Nein

Heer:

17.750	Soldaten
93	Kampfpanzer
200	Schützenpanzer
185	Artilleriegeschütze

Luftwaffe:

1.300	Soldaten
12	Kampfflugzeuge
9	Transportflugzeuge
29	Hubschrauber

Küstenwache:

1.400	Soldaten
18	Küstenschutzboote

Ihre Partner für Mobilität im In- und Ausland
Entwicklung-Integration-Fertigung-Service

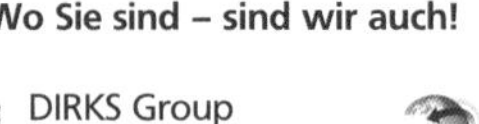
Service-Partner der Bundeswehr
Wo Sie sind – sind wir auch!

DIRKS Group
www.dirks-group.de

EAFT Emder Anlagen-
und Fahrzeugtechnik GmbH
☎ 04921 – 93 75 0

MWB Fahrzeugtechnik GmbH
☎ 04743 – 884 0

Hellenische Republik

Verteidigungs-, Heeres- und Luftwaffenattaché Oberst i.G. Themistoklis Grympiris (Heer)

Marineattaché Fregattenkapitän (M) Nektarios Lymperakis (Marine)

Botschaft der Hellenischen Republik
Jägerstraße 54 – 55, 10117 Berlin
Tel: 030-20 62 60, Fax: 030-20 62 64 44

Hauptstadt:	Athen
Größe:	131.957 km²
Küstenlinie:	13.676 km
Staatsform:	Republik
Staatsoberhaupt:	Präsident Karolos Papoulias

Bevölkerung

Einwohner:	11.280.000
Religion:	Orthodoxe 97 %
Arbeitslosenquote:	24,3 %
Alphabetisierungsgrad:	Männer 98 %, Frauen 94 %
Lebenserwartung:	80 Jahre
Durchschnittsalter:	43 Jahre

Politik und Wirtschaft

Arbeitslosenquote:	24,3 %
Bruttoinlandsprodukt pro Kopf:	23.260 US-$
Hauptimporte:	Brennstoffe 38 %, Maschinen 17 %
Hauptimportpartner:	Russland 13 %, Deutschland 9 %, Italien 8 %
Hauptexporte:	Brennstoffe 39 %, Industrieerzeugnisse 14 %
Hauptexportpartner:	Türkei 11 %, Italien 8 %, Deutschland 6 %
Unterzeichner der Menschenrechtscharta der UNO:	Ja
Unterzeichner des Atomwaffensperrvertrages:	Ja
Todesstrafe:	Nein

Verteidigung

Stärke der Armee:	144.350 Soldaten, Wehrpflichtarmee
Dauer des Wehrdienstes:	9 Monate beim Heer,12 Monate bei Marine und Luftwaffe
Anteil des Militäretats am BIP:	4,3 %
Atommacht:	Nein

Heer:

86.150	Soldaten
1.462	Kampfpanzer
2.510	Schützenpanzer
3.358	Artilleriegeschütze
26	Transportflugzeuge
161	Hubschrauber

Marine:

20.000	Soldaten
8	U-Boote
14	Fregatten
5	Korvetten
28	Küstenschutzboote
7	Minenabwehrboote
21	Hubschrauber

Luftwaffe:

26.600	Soldaten
282	Kampfflugzeuge
26	Transportflugzeuge
31	Hubschrauber

Übung des griechischen Militärs auf Kreta Foto: Ministry of National Defence

Vereinigtes Königreich Großbritannien und Nordirland

Verteidigungsattaché
Brigadegeneral Matthew O'Hanlon (Heer)

Heeresattaché Oberst Richard J. Wakefield (Heer)
Luftwaffenattaché Oberst i.G. Roland Smith (Luftwaffe)
Marineattaché Kapitän zur See Daniel Howard (Marine)

Botschaft des Vereinigten Königreichs Großbritannien und Nordirland
Wilhelmstraße 70 - 71, 10117 Berlin
Tel: 030 - 204570, Fax: 030 - 20457581

Hauptstadt:	London
Größe:	243.820 km²
Küstenlinie:	12.430 km
Staatsform:	Parlamentarische Monarchie
Staatsoberhaupt:	Königin Elizabeth II
Bevölkerung	
Einwohner:	63.228.000
Religion:	Christen 72 %, Muslime 3 %, Hindus 1 % Andere 28 %
Alphabetisierungsgrad:	Männer 99 %, Frauen 99 %
Durchschnittliche Lebenserwartung:	80 Jahre
Durchschnittsalter:	40 Jahre
Politik und Wirtschaft	
Arbeitslosenquote:	7,9 %
Bruttoinlandsprodukt pro Kopf:	38.250 US-$
Hauptimporte:	chem. Erzeugnisse 12 %, Erdöl 11 %
Hauptimportpartner:	Deutschland 12 %,USA 8 %, VR China 8 %
Hauptexporte:	chem. Erzeugnisse 18 %, Maschinen 14 %
Hauptexportpartner:	USA 12 %, Deutschland 10 %, Niederlande 8 %
Unterzeichner der Menschenrechtscharta der UNO:	Ja
Unterzeichner des Atomwaffensperrvertrages:	Ja
Todesstrafe:	Nein
Verteidigung	
Stärke der Armee:	165.650 Soldaten, Berufsarmee
Anteil des Militäretats am BIP:	2,4 %
Atommacht:	Ja

Nuklear-strategische Kräfte:

1.000 Soldaten
4 U-Boote mit ballistischen Raketen
225 Sprengköpfe

Heer:

96.850 Soldaten
227 Kampfpanzer
3.189 Schützenpanzer
621 Artilleriegeschütze
13 Transportflugzeuge
316 Hubschrauber

Marine:

32.000 Soldaten
6 U-Boote
1 Flugzeugträger
5 Zerstörer
13 Fregatten
22 Küstenschutzboote
16 Minenabwehrboote
12 Kampfflugzeuge
4 Transportflugzeuge
117 Hubschrauber

Royal Marines

6.850 Soldaten
142 Schützenpanzer
50 Artilleriegeschütze

Luftwaffe:

36.800 Soldaten
318 Kampfflugzeuge
67 Transportflugzeuge
32 Hubschrauber

Britische Soldaten bei Nachwuchswerbung in London Foto: Portugall

Republik Indien

Verteidigungsattaché
Brigadegeneral Tejbir Singh (Heer)

Botschaft der Republik Indien
Tiergartenstraße 17, 10785 Berlin
Tel: 030-25 79 50, Fax: 030-25 79 51 02

Hauptstadt:	Delhi
Größe:	3.287.263 km^2
Küstenlinie:	7.000 km
Staatsform:	Bundesrepublik
Staatsoberhaupt:	Präsident Pranab Mukherjee
Bevölkerung	
Einwohner:	1.236.687.000
Religion:	Hindus 81 %, Moslems 14 %, Christen 2 %, Andere 3 %
Alphabetisierungsgrad:	Männer 73 %, Frauen 48 %
Durchschnittliche Lebenserwartung:	67 Jahre
Durchschnittsalter:	26 Jahre
Politik und Wirtschaft	
Arbeitslosenquote:	9,8 %
Bruttoinlandsprodukt pro Kopf:	1.530 US-$
Hauptimporte:	Erdöl 28 %, chem. Erzeugnisse 9 %
Hauptimportpartner:	VR China 12 %, VAE 8 %, Schweiz 7 %
Hauptexporte:	Erdöl 19 %, chem. Erzeugnisse 11 %
Hauptexportpartner:	VAE 12 %, USA 11 %, VR China 10 %
Unterzeichner der Menschenrechtscharta der UNO:	Ja
Unterzeichner des Atomwaffensperrvertrages:	Nein
Todesstrafe:	Ja
Verteidigung	
Stärke der Armee:	1.325.000 Soldaten, Berufsarmee
Anteil des Militäretats gemessen am BIP:	1,8 %
Atommacht:	Ja

Nuklear-strategische Kräfte:

Ca. 24 Mittelstreckenraketen
Ca. 30 Kurzstreckenraketen
90-110 Sprengköpfe

Heer:

1.129.900 Soldaten
3.274 Kampfpanzer
1.791 Schützenpanzer
9.682 Artilleriegeschütze
232 Hubschrauber

Marine:

58.350 Soldaten
(einschließlich 1.200 Marineinfanteristen)
15 U-Boote
1 Flugzeugträger
11 Zerstörer
12 Fregatten
24 Korvetten
35 Küstenschutzboote
8 Minenabwehrboote
34 Kampfflugzeuge
37 Transportflugzeuge
127 Hubschrauber

Luftwaffe:

127.200 Soldaten
870 Kampfflugzeuge
238 Transportflugzeuge
352 Hubschrauber

Aufklärungsflugzeug Tu-142M "Bear" der indischen Marineflieger Foto: Ministry of Defence of India

Republik Indonesien

Verteidigungsattaché
Oberst i.G. Samsul Rizal (Luftwaffe)

Botschaft der Republik Indonesien
Lehrter Straße 16 – 17, 10557 Berlin
Tel: 030-47 80 70, Fax: 030-44 73 71 42

Hauptstadt:	Jakarta
Größe:	1.904.569 km²
Küstenlinie:	54.717 km
Staatsform:	Präsidialrepublik
Staatsoberhaupt:	Präsident Dr. Susilo Bambang Yudhoyono

Bevölkerung

Einwohner:	246.864.000
Religion:	Muslime 87 %, Christen 10 %, Hindus 2 %
Alphabetisierungsgrad:	Männer 94 %, Frauen 87 %
Durchschnittliche Lebenserwartung:	72 Jahre
Durchschnittsalter:	28 Jahre

Politik und Wirtschaft

Arbeitslosenquote:	6,2 % (in Städten)
Bruttoinlandsprodukt pro Kopf:	3.420 US-$
Hauptimporte:	Erdöl 22 %, Maschinen 13 %
Hauptimportpartner:	VR China 15 %, Singapur 15 %, Japan 11 %
Hauptexporte:	Rohstoffe 12 %, Erdöl 9 %
Hauptexportpartner:	Japan 17 %, VR China 11 %, Singapur 8 %
Unterzeichner der Menschenrechtscharta der UNO:	Nein
Unterzeichner des Atomwaffensperrvertrages:	Ja
Todesstrafe:	Ja

Verteidigung

Stärke der Armee:	395.500 Soldaten, Wehrpflichtarmee
Dauer des Wehrdienstes:	2 Jahre, Pflichtreserve bis zum 45. Lebensjahr
Anteil des Militäretats am BIP:	0,9 %
Atommacht:	Nein

Heer:

300.400	Soldaten
350	Kampfpanzer
563	Schützenpanzer
1.079	Artilleriegeschütze
60	Hubschrauber

Luftwaffe:

30.100	Soldaten
69	Kampfflugzeuge
39	Transportflugzeuge
31	Hubschrauber

Marine:

65.000 Soldaten
(einschließlich 20.000 Marineinfanteristen)

2	U-Boote
11	Fregatten
19	Korvetten
53	Küstenschutzboote
11	Minenabwehrboote
28	Transportflugzeuge
19	Hubschrauber
55	Kampfpanzer
204	Schützenpanzer
59	Artilleriegeschütze

Indonesischer Marineinfanterist (r.) übt mit Amerikanern Foto: U.S. Marine Corps/Lamb

Republik Irak

Verteidigungsattaché
Brigadegeneral Ing. Mansour Hammadi (Heer)

Stv. Verteidigungsattaché Oberst i.G. Qutaiba Masaoodi (Luftwaffe)

Botschaft der Republik Irak
Markgrafenstraße 56, 10117 Berlin
Tel: 030-2 04 56 08 12, Fax: 030-2 04 56 08 28

Hauptstadt:	Bagdad
Größe:	438.317 km²
Küstenlinie:	58 km
Staatsform:	Republik
Staatsoberhaupt:	Präsident Dschalal Talabani

Bevölkerung

Einwohner:	32.578.000
Religion:	Schiiten 81 %, Sunniten 13 %, Christen 4 %
Alphabetisierungsgrad:	Männer 84 %, Frauen 64 %
Durchschnittliche Lebenserwartung:	71 Jahre
Durchschnittsalter:	21 Jahre

Politik und Wirtschaft

Arbeitslosenquote:	k. A.
Bruttoinlandsprodukt pro Kopf:	5.870 US-$
Importe:	56,9 Mrd. US-$
Hauptimportpartner:	–
Exporte:	93,9 Mrd. US-$
Hauptexportpartner:	–
Unterzeichner der Menschenrechtscharta der UNO:	Ja
Unterzeichner des Atomwaffensperrvertrages:	Ja
Todesstrafe:	Ja

Verteidigung

Stärke der Armee:	271.400 Soldaten, Berufsarmee
Atommacht:	Nein
Anteil des Militäretats am BIP:	8,6 %

Heer:

271.400	Soldaten
336	Kampfpanzer
2.919	Schützenpanzer
1.386	Artilleriegeschütze
77	Hubschrauber

Marine:

3.600	Soldaten
29	Küstenschutzboote

Luftwaffe:

5.050	Soldaten
3	Kampfflugzeuge
32	Transportflugzeuge

Irakisches Transportflugzeug C-130J "Super Hercules" Foto: Lockheed Martin

Islamische Republik Iran

Verteidigungsattaché (vakant)

Botschaft der Islamischen Republik Iran
Podbielskiallee 65 - 67, 14195 Berlin
Tel: 030-84 35 30, Fax: 030-84 35 35 35

Hauptstadt:	Teheran
Größe:	1.648.195 km²
Küstenlinie:	3.180 km
Staatsform:	Islamische Republik
Staatsoberhaupt:	Ajatollah Sayed Ali Khamenei

Bevölkerung

Einwohner:	76.424.000
Religion:	Schiiten 90 %, Sunniten 8 %
Alphabetisierungsgrad:	Männer 84 %, Frauen 70 %
Durchschnittliche Lebenserwartung:	70 Jahre
Durchschnittsalter:	27 Jahre

Politik und Wirtschaft

Arbeitslosenquote:	12,5 % (offiziell)
Bruttoinlandsprodukt pro Kopf:	k. A.
Importe:	67 Mrd. US-$
Hauptimportpartner:	-
Exporte:	67 Mrd. US-$
Hauptexportpartner:	-
Unterzeichner der Menschenrechtscharta der UNO:	Ja
Unterzeichner des Atomwaffensperrvertrages:	Ja
Todesstrafe:	Ja

Verteidigung

Stärke der Armee:	523.000 Soldaten, Wehrpflichtarmee
Dauer des Wehrdienstes:	18 Monate
Anteil des Militäretats am BIP:	2,5 %
Atommacht:	Nein

Heer:

350.000	Soldaten
1.743	Kampfpanzer
1.250	Schützenpanzer
8.798	Artilleriegeschütze
17	Transportflugzeuge
223	Hubschrauber

Marine:

18.000	Soldaten
29	U-Boote
6	Korvetten
63	Küstenschutzboote
5	Minenabwehrboote
3	Kampfflugzeuge
30	Hubschrauber
16	Transportflugzeuge

Luftwaffe:

30.000	Soldaten
334	Kampfflugzeuge
117	Transportflugzeuge
36	Hubschrauber

Revolutionsgarde:

125.000	Soldaten
113	Küstenschutzboote

Schnellboot der iranischen Revolutionsgarde Foto: Ministry of Defence of Iran

Staat Israel

Verteidigungs- und Streitkräfteattaché
Oberst i. G. Katz (Heer)

Botschaft des Staates Israel
Auguste-Viktoria-Straße 74 – 78, 14193 Berlin
Tel: 030-89 04 56 30, Fax: 030-89 04 56 39

Hauptstadt:	Jerusalem
Größe:	20.770 km²
Küstenlinie:	273 km
Staatsform:	Parlamentarische Demokratie
Staatsoberhaupt:	Präsident Shimon Peres

Bevölkerung

Einwohner:	7.908.000
Religion:	Juden 76 %, Moslems 16 %, Christen 2 %, Drusen 2 %, Andere 4 %
Alphabetisierungsgrad:	Männer 99 %, Frauen 99 %
Durchschnittliche Lebenserwartung:	81 Jahre
Durchschnittsalter:	29 Jahre

Politik und Wirtschaft

Arbeitslosenquote:	6,9 %
Bruttoinlandsprodukt pro Kopf:	28.930 US-$
Hauptimporte:	Maschinen 21 %, Brennstoffe 19 %
Hauptimportpartner:	USA 12 %, VR China 7 %, Deutschland 6 %
Hauptexporte:	Edelsteine 32 %, chem. Erzeugnisse 25)
Hauptexportpartner:	USA 29 %, VR China 12 %, Belgien 6 %
Unterzeichner der Menschenrechtscharta der UNO:	Ja
Unterzeichner des Atomwaffensperrvertrages:	Nein
Todesstrafe:	Nein

Verteidigung

Stärke der Armee:	176.500 Soldaten, Wehrpflichtarmee
Dauer des Wehrdienstes:	36 Monate für Männer, 21 Monate für Frauen, danach Pflichtreserve bis zum vollendeten 41. (Männer) bzw 24. (Frauen) Lebensjahr
Anteil des Militäretats am BIP:	7,4 %
Atommacht:	Ja

Nuklear-strategische Kräfte:

Ca. 150 Mittelstreckenraketen
Ca. 80-200 Sprengköpfe

Heer:

133.000 Soldaten
430 Kampfpanzer
1.573 Schützenpanzer
530 Artilleriegeschütze

Marine:

9.500 Soldaten
3 U-Boote
3 Korvetten
56 Küstenschutzboote

Luftwaffe:

34.000 Soldaten
441 Kampfflugzeuge
60 Transportflugzeuge
284 Hubschrauber

Israelisches Raketenabwehrsystem "Iron Dome" Foto: Portugall

Italienische Republik

Verteidigungs- und Luftwaffen- und Marineattaché Brigadegeneral Alberto Biavati (Luftwaffe)

Marineattaché Kapitän zur See Pierluigi Quattrone (Marine)
Heeresattaché Oberst i.G. Massimo Biagini (Heer)
Stv. Luftwaffenattaché Oberstleutnant Salvatore Iervolino (Luftwaffe)

Botschaft der Italienischen Republik
Hiroshimastraße 1, 10785 Berlin
Tel.: 030-25 44 00, Fax: 030-25 44 01 20

Hauptstadt:	Rom
Größe:	301.340 km²
Küstenlinie:	7.600 km
Staatsform:	Republik
Staatsoberhaupt:	Präsident Giorgio Napolitano
Bevölkerung	
Einwohner:	60.918.000
Religion:	Katholiken 89 %, Muslime 2 %, Orthodoxe 2 %
Alphabetisierungsgrad:	Männer 99 %, Frauen 99 %
Durchschnittliche Lebenserwartung:	82 Jahre
Durchschnittsalter:	44 Jahre
Politik und Wirtschaft	
Arbeitslosenquote:	10,7 %
Bruttoinlandsprodukt pro Kopf:	33.840 US-$
Hauptimporte:	chem. Erzeugnisse 14 %, Erdöl 13 %
Hauptimportpartner:	Deutschland 15 %, Frankreich 8 %, VR China 7 %
Hauptexporte:	Maschinen 20 %, chem. Erzeugnisse 11 %
Hauptexportpartner:	Deutschland 13 %, Frankreich 11 %, USA 7 %
Unterzeichner der Menschenrechtscharta der UNO:	Ja
Unterzeichner des Atomwaffensperrvertrages:	Ja
Todesstrafe:	Nein
Verteidigung	
Stärke der Armee:	181.450 Soldaten, Berufsarmee
Anteil des Militäretats am BIP:	1,8 %
Atommacht:	Nein

Heer:

105.900	Soldaten
320	Kampfpanzer
3.596	Schützenpanzer
953	Artilleriegeschütze
6	Transportflugzeuge
215	Hubschrauber

Marine:

33.000	Soldaten
6	U-Boote
2	Flugzeugträger
4	Zerstörer
12	Fregatten
8	Korvetten
14	Küstenschutzboote
12	Minenabwehrboote
16	Kampfflugzeuge
52	Hubschrauber

Luftwaffe:

42.550	Soldaten
234	Kampfflugzeuge
74	Transportflugzeuge
109	Hubschrauber

Transporthubschrauber NH90 der italienischen Marineflieger Foto: Portugall

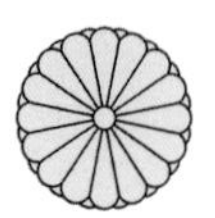

Japan

Verteidigungsattaché
Oberst i.G. Yoshichika Ito (Heer)

Botschaft von Japan
Hiroshimastraße 6, 10785 Berlin
Tel: 030-21 09 40, Fax: 030-21 09 42 76

Hauptstadt:	Tokio
Größe:	377.915 km²
Küstenlinie:	30.751 km
Staatsform:	Parlamentarische Monarchie
Staatsoberhaupt:	Kaiser Akihito

Bevölkerung

Einwohner:	127.561.000
Religion:	107 Mio. Schintoisten, 89 Mio. Buddhisten (synkretisch)
Alphabetisierungsgrad:	Männer 99 %, Frauen 99 %
Durchschnittliche Lebenserwartung:	82 Jahre
Durchschnittsalter:	45 Jahre

Politik und Wirtschaft

Arbeitslosenquote:	4,4 %
Bruttoinlandsprodukt pro Kopf:	47.870 US-$
Hauptimporte:	Erdöl 21 %, Elektronik 10 %
Hauptimportpartner:	VR China 21 %, USA 9 %, Australien 6 %
Hauptexporte:	Kfz 20 %, Maschinen 19 %
Unterzeichner der Menschenrechtscharta der UNO:	Ja
Unterzeichner des Atomwaffensperrvertrages:	Ja
Todesstrafe:	Ja

Verteidigung

Stärke der Armee: Im Artikel 9 der Japanischen Verfassung verzichtet Japan auf das Recht souveräner Staaten zur Kriegsführung. Nach dem Wortlaut des Artikels ist es jedoch nicht verboten, Truppen zur Selbstverteidigung zu unterhalten. Die Selbstverteidigungsstreitkräfte bestehen aus 247.450 Soldaten.

Anteil des Militäretats am BIP:	1,0 %
Atommacht:	Nein

Heer:

151.350	Soldaten
777	Kampfpanzer
987	Schützenpanzer
1.776	Artilleriegeschütze
12	Transportflugzeuge
428	Hubschrauber

Marine:

45.500	Soldaten
18	U-Boote
2	Flugzeugträger
2	Kreuzer
30	Zerstörer
13	Fregatten
6	Küstenschutzboote
33	Minenabwehrboote
78	Kampfflugzeuge
28	Transportflugzeuge
132	Hubschrauber

Luftwaffe:

47.100	Soldaten
552	Kampfflugzeuge
66	Transportflugzeuge
56	Hubschrauber

Japanisches Versorgungsschiff "Sagami" (AOE 421)

Foto: U.S. Navy/Bergman

Republik Jemen

Verteidigungsattaché
Oberst Abdulwahab Al-Kainai (Heer)

Botschaft der Republik Jemen
Budapester Straße 37, 10787 Berlin
Tel: 030-8 97 30 50, Fax: 030-89 73 05 62

Hauptstadt:	Sanaa
Größe:	527.968 km²
Küstenlinie:	1.906 km
Staatsform:	Präsidialrepublik
Staatsoberhaupt:	Übergangspräsident Abdrabbo Mansur Hadi

Bevölkerung

Einwohner:	23.852.000
Religion:	Muslime 99 %
Alphabetisierungsgrad:	Männer 71 %, Frauen 30 %
Durchschnittliche Lebenserwartung:	64 Jahre
Durchschnittsalter:	18 Jahre

Politik und Wirtschaft

Arbeitslosenquote:	k. A.
Bruttoinlandsprodukt pro Kopf:	1.110 US-$
Importe:	8,5 Mrd. US-$
Hauptimportpartner:	–
Exporte:	11,6 Mrd. US-$
Hauptexportpartner:	–
Unterzeichner der Menschenrechtscharta der UNO:	Ja
Unterzeichner des Atomwaffensperrvertrages:	Ja
Todesstrafe:	Ja

Verteidigung

Stärke der Armee:	66.700 Soldaten, Berufsarmee
Anteil des Militäretats am BIP:	6,6 %
Atommacht:	Nein

Heer:

60.000	Soldaten
866	Kampfpanzer
588	Schützenpanzer
1.307	Artilleriegeschütze

Marine:

1.700	Soldaten
22	Küstenschutzboote
1	Minenabwehrboot

Luftwaffe:

3.000	Soldaten
79	Kampfflugzeuge
11	Transportflugzeuge
45	Hubschrauber

Republik Kamerun

Luftwaffen- und Marineattaché
Oberst i.G. Edelstein Biack Mbombe

Botschaft der Republik Kamerun
Kurfürstendamm 136, 10711 Berlin
Tel: 030-89 06 80 90, Fax: 030-8 90 68 09 29

Hauptstadt:	Jaunde
Größe:	475.440 km²
Küstenlinie:	402 km
Staatsform:	Präsidialrepublik
Staatsoberhaupt:	Präsident Paul Biya

Bevölkerung

Einwohner:	21.700.000
Religion:	Christen 50 %, indigene Religionen 20 %, Muslime 20 %
Alphabetisierungsgrad:	Männer 84 %, Frauen 68 %
Durchschnittliche Lebenserwartung:	55 Jahre
Durchschnittsalter:	19 Jahre

Politik und Wirtschaft

Arbeitslosenquote:	3,8 % (offiziell)
Bruttoinlandsprodukt pro Kopf:	1.170 US-$
Importe:	5,1 Mrd. US-$
Hauptimportpartner:	Frankreich 17 %, VR China 14 %, Deutschland 5 %
Exporte:	2,1 Mrd. US-$
Hauptexportpartner:	Niederlande 19 %, Frankreich 12 %, VR China 9 %
Unterzeichner der Menschenrechtscharta der UNO:	Ja
Unterzeichner des Atomwaffensperrvertrages:	Ja
Todesstrafe:	Ja

Verteidigung

Stärke der Armee:	14.200 Soldaten, Berufsarmee
Anteil des Militäretats am BIP:	1,3 %
Atommacht:	Nein

Heer:
12.500 Soldaten
120 Schützenpanzer, 112 Artilleriegeschütze

Marine:
1.300 Soldaten, 11 Küstenschutzboote

Luftwaffe:
350 Soldaten
9 Kampfflugzeuge, 18 Transportflugzeuge, 15 Hubschrauber

More mobility for the world

Lufthansa Technik

Integrierte Flottenlösungen

Kosteneffizienz für Mil Ops

Gerade in Zeiten hoher operationeller Belastungen und sinkender Personalstärken ist es beruhigend, über die zuverlässige und kosteneffiziente technische Betreuung eines know-how-starken Partners zu verfügen, der in allen Aspekten des Supports von Special Mission Aircraft flexible Unterstützung garantiert.

Als führender herstellerunabhängiger Anbieter mit einem globalen Netzwerk bietet Lufthansa Technik ein auf jedes Anforderungsprofil zugeschnittenes Portfolio. Die gut 2.000 Flugzeuge, die weltweit unterstützen, unterstreichen unser Versprechen. Und zahlreiche Modifikationen – von Cockpit- bis hin zu Transporter/Tanker-Umrüstungen – zeugen von einer weltweit einmaligen technischen Kompetenz.

Weitere Informationen:

Lufthansa Technik AG
Government & Special
Mission Aircraft Services
Weg beim Jäger 193
22335 Hamburg, Germany

Phone +49-40-5070-2548
Fax +49-40-5070-64423
marketing.sales@lht.dlh.de
www.lufthansa-technik.com

Kanada

Verteidigungsattaché
Oberst i.G. Tom Endicott (Heer)

Botschaft von Kanada
Leipziger Platz 17, 10117 Berlin
Tel: 030-20 31 20, Fax: 030-20 31 25 90

Hauptstadt:	Ottawa
Größe:	9.984.670 km²
Küstenlinie:	202.080 km
Staatsform:	Parlamentarische Monarchie
Staatsoberhaupt:	Königin Elizabeth II

Bevölkerung

Einwohner:	34.880.000
Religion:	Katholiken 44 %, Protestanten 29 %, Muslime 2 %
Alphabetisierungsgrad:	Männer 99 %, Frauen 99 %
Durchschnittliche Lebenserwartung:	81 Jahre
Durchschnittsalter:	41 Jahre

Politik und Wirtschaft

Arbeitslosenquote:	7,2 %
Bruttoinlandsprodukt pro Kopf:	50.970 US-$
Hauptimporte:	Kfz 15 %, Maschinen 13 %
Hauptimportpartner:	USA 51 %, VR China 11 %, Mexiko 6 %
Hauptexporte:	Erdöl 21 %, Kfz 13 %
Hauptexportpartner:	USA 75 %, VR China 4 %, Großbritannien 4 %
Unterzeichner der Menschenrechtscharta der UNO:	Ja
Unterzeichner des Atomwaffensperrvertrages:	Ja
Todesstrafe:	Nein

Verteidigung

Stärke der Armee:	66.000 Soldaten, Berufsarmee
Anteil des Militäretats am BIP:	1,1 %
Atommacht:	Nein

Heer:

34.800 Soldaten
120 Kampfpanzer
1.421 Schützenpanzer
295 Artilleriegeschütze

Luftwaffe:

19.900 Soldaten
95 Kampfflugzeuge
58 Transportflugzeuge
126 Hubschrauber

Marine:

11.300 Soldaten
4 U-Boote
3 Zerstörer
12 Fregatten
12 Minenabwehrboote

Kanadische Fregatte "HMCS Ottawa" (FFH 341) im Pazifik Foto: U.S. Navy/Farrington

Republik Kasachstan

Verteidigungsattaché
Oberstleutnant Nurlan Sabyrbayev (Heer)

Stv. Verteidigungsattaché Major i.G. Azamat Zulkarnayev

Botschaft der Republik Kasachstan
Nordendstraße 14 - 17, 13156 Berlin
Tel: 030-47 00 70, Fax: 030-47 00 71 25

Hauptstadt:	Astana
Größe:	2.724.900 km²
Küstenlinie:	1.894 km
Staatsform:	Präsidialrepublik
Staatsoberhaupt:	Präsident Nursultan Abischewitsch Nasarbajew

Bevölkerung

Einwohner:	16.797.000
Religion:	Muslime 65 %, Christen 35 %
Alphabetisierungsgrad:	Männer 99 %, Frauen 99 %
Durchschnittliche Lebenserwartung:	70 Jahre
Durchschnittsalter:	30 Jahre

Politik und Wirtschaft

Arbeitslosenquote:	5,3 %
Bruttoinlandsprodukt pro Kopf:	9.730 US-$
Hauptimporte:	Maschinen 14 %, chem. Erzeugnisse 10 %
Hauptimportpartner:	Russland 38 %, VR China 17 %, Ukraine 7 %
Hauptexporte:	Erdöl 65 %, Rohstoffe 8 %
Hauptexportpartner:	VR China 18 %, Italien 17 %, Niederlande 8 %
Unterzeichner der Menschenrechtscharta der UNO:	Nein
Unterzeichner des Atomwaffensperrvertrages:	Ja
Todesstrafe:	Ja

Verteidigung

Stärke der Armee:	39.000 Soldaten, Wehrpflichtarmee
Dauer des Wehrdienstes:	2 Jahre
Anteil des Militäretats am BIP:	1,1 %
Atommacht:	Nein

Heer:

20.000	Soldaten
300	Kampfpanzer
1.052	Schützenpanzer
602	Artilleriegeschütze

Luftwaffe:

12.000	Soldaten
123	Kampfflugzeuge
15	Transportflugzeuge
124	Hubschrauber

Marine:

3.000	Soldaten
17	Küstenschutzboote

Kasachische Special Forces mit Transporthubschrauber Mi-8 ("Hip") Foto: Ministry of Defence

Republik Kenia

Verteidigungsattaché
Oberst Patrick Nderitu (Heer)

Botschaft der Republik Kenia
Markgrafenstraße 63, 10969 Berlin
Tel: 030-2 59 26 60, Fax: 030-25 92 66 50
Dienstsitz: London

Hauptstadt:	Nairobi
Größe:	582.646 km^2
Küstenlinie:	536 km
Staatsform:	Präsidialrepublik
Staatsoberhaupt:	Präsident Mwai Kibaki

Bevölkerung

Einwohner:	43.178.000
Religion:	Christen 82 %, Muslime 11 %, indigene Religionen 2 %
Alphabetisierungsgrad:	Männer 91 %, Frauen 80 %
Durchschnittliche Lebenserwartung:	63 Jahre
Durchschnittsalter:	19 Jahre

Politik und Wirtschaft

Arbeitslosenquote:	k. A.
Bruttoinlandsprodukt pro Kopf:	840 US-$
Importe:	14,8 Mrd. US-S
Hauptimportpartner:	Indien, VR China, VAE
Exporte:	5,8 Mrd. US-$
Hauptexportpartner:	Uganda, Großbritannien, Tansania
Unterzeichner der Menschenrechtscharta der UNO:	Ja
Unterzeichner des Atomwaffensperrvertrages:	Ja
Todesstrafe:	Ja

Verteidigung

Stärke der Armee:	24.120 Soldaten, Berufsarmee
Anteil des Militäretats am BIP:	1,8 %
Atommacht:	Nein

Heer:

20.000	Soldaten
78	Kampfpanzer
176	Schützenpanzer
110	Artilleriegeschütze
40	Hubschrauber

Luftwaffe:

2.500	Soldaten
38	Kampfflugzeuge
18	Transportflugzeuge
13	Hubschrauber

Marine:

1.600	Soldaten
7	Küstenschutzboote

Kenianische Luftwaffensoldaten mit US-Besuch vor Kampfflugzeug F-5 Foto: U.S. Air Force

Republik Kroatien

Verteidigungsattaché
Oberst i.G. Tomislav Galic (Heer)

Stv. Verteidigungsattaché Major Matija Semov (Luftwaffe)

Botschaft der Republik Kroatien
Ahornstraße 4, 10787 Berlin
Tel: 030-21 91 55 14, Fax: 030-23 62 89 65

Hauptstadt:	Zagreb
Größe:	56.594 km^2
Küstenlinie:	5.835 km
Staatsform:	Parlamentarische Demokratie
Staatsoberhaupt:	Präsident Dr. Ivo Josipović

Bevölkerung

Einwohner:	4.267.000
Religion:	Katholiken 86 %, Orthodoxe 4 %, Muslime 2 %
Alphabetisierungsgrad:	Männer 99 %, Frauen 97 %
Durchschnittliche Lebenserwartung:	76 Jahre
Durchschnittsalter:	41 Jahre

Politik und Wirtschaft

Arbeitslosenquote:	15,9 %
Bruttoinlandsprodukt pro Kopf:	13.290 US-$
Hauptimporte:	Erdöl 16 %, chem. Erzeugnisse 13 %
Hauptimportpartner:	Italien 17 %, Deutschland 13 %, Russland 8 %
Hauptexporte:	Erdöl 11 %, chem. Erzeugnisse 11 %
Hauptexportpartner:	Italien 15 %, Bosnien 13 %, Deutschland 10 %
Unterzeichner der Menschenrechtscharta der UNO:	Ja
Unterzeichner des Atomwaffensperrvertrages:	Ja
Todesstrafe:	Nein

Verteidigung

Stärke der Armee:	18.600 Soldaten, Wehrpflichtarmee
Dauer des Wehrdienstes:	6 Monate
Anteil des Militäretats am BIP:	1,5 %
Atommacht:	Nein

Heer:

11.400	Soldaten
72	Kampfpanzer
241	Schützenpanzer
1.436	Artilleriegeschütze

Luftwaffe:

3.500	Soldaten
10	Kampfflugzeuge
3	Transportflugzeuge
32	Hubschrauber

Marine:

1.850	Soldaten
3	U-Boote
6	Küstenschutzboote
1	Minenabwehrboot

WEW Mobile, modulare Trinkwasser- und Kraftstoffsysteme

WEW Westerwälder Eisenwerk GmbH
Ringstrasse 65a
57586 Weitefeld
Tel.: 02743 - 9222-0
Fax: 02743 - 3411
www.wew.de
E-Mail: wew@wew-tankcontainer.de

Staat Kuwait

Verteidigungsattaché
Brigadegeneral Salah Abdullah Almass (Luftwaffe)

Botschaft des Staates Kuwait
Griegstraße 5 – 7, 14193 Berlin
Tel: 030-8 97 30 00, Fax: 030-89 73 00 10

Hauptstadt:	Kuwait Stadt
Größe:	17.818 km²
Küstenlinie:	499 km
Staatsform:	Emirat (Erbliches Fürstentum)
Staatsoberhaupt:	Emir Scheich Sabah Al-Ahmad Al-Jaber Al-Sabah

Bevölkerung

Einwohner:	3.250.000
Religion:	Sunniten 70 %, Schiiten 30 %
Alphabetisierungsgrad:	Männer 94 %, Frauen 91 %
Durchschnittliche Lebenserwartung:	77 Jahre
Durchschnittsalter:	29 Jahre

Politik und Wirtschaft

Arbeitslosenquote:	2,1 %
Bruttoinlandsprodukt pro Kopf:	44.730 US-$
Importe:	24,1 Mrd. US-$
Hauptimportpartner:	USA, VR China, Deutschland
Hauptexporte:	113,5 Mrd. US-$
Hauptexportpartner:	Japan, Rep. Korea, Indien
Unterzeichner der Menschenrechtscharta der UNO:	Nein
Unterzeichner des Atomwaffensperrvertrages:	Ja
Todesstrafe:	Ja

Verteidigung

Stärke der Armee:	15.500 Soldaten, Berufsarmee
Anteil des Militäretats am BIP:	2,7 %
Atommacht:	Nein

Heer:
11.000 Soldaten
293 Kampfpanzer, 703 Schützenpanzer
218 Artilleriegeschütze

Luftwaffe:
2.500 Soldaten
105 Kampfflugzeuge, 3 Transportflugzeuge,
42 Hubschrauber

Marine:
2.000 Soldaten, 17 Küstenschutzboote

Northrop Grumman LITEF GmbH
-
Solutions for a World in Motion

Inertial Sensors
and Systems for
Stabilization,
Guidance and

GPS-Independent
Navigation in Aircraft,
Missiles, Ships and
Combat Vehicles

Northrop Grumman LITEF GmbH, Lörracher Strasse 18, 79115 Freiburg
Tel. 0761 4901-0, Fax 0761 4901-480
E-Mail: info@ng-litef.de, www.northropgrumman.litef.de

Republik Litauen

Verteidigungsattaché
Oberst i.G. Gintaras Azubalis (Heer)

Botschaft der Republik Litauen
Charitéstraße 9, 10117 Berlin
Tel: 030-89 06 81 0, Fax: 030-89 06 81 15

Hauptstadt:	Vilnius
Größe:	65.300 km²
Küstenlinie:	90 km
Staatsform:	Parlamentarische Demokratie
Staatsoberhaupt:	Präsidentin Dalia Grybauskaite

Bevölkerung

Einwohner:	2.986.000
Religion:	Katholiken 77 %, religionslos 6 %, Orthodoxe 4 %
Alphabetisierungsgrad:	Männer 99 %, Frauen 99 %
Durchschnittliche Lebenserwartung:	76 Jahre
Durchschnittsalter:	40 Jahre

Politik und Wirtschaft

Arbeitslosenquote:	13,3 %
Bruttoinlandsprodukt pro Kopf:	13.850 US-$
Hauptimporte:	Energie 34 %, chem. Erzeugnisse 13 %
Hauptimportpartner:	Russland 32 %, Deutschland 10 %, Polen 10 %
Hauptexporte:	Energie 25 %, Nahrungsmittel 14 %
Hauptexportpartner:	Russland 19 %, Lettland 11 %, Deutschland 8 %
Unterzeichner der Menschenrechtscharta der UNO:	Ja
Unterzeichner des Atomwaffensperrvertrages:	Ja
Todesstrafe:	Nein

Verteidigung

Stärke der Armee:	11.800 Soldaten, Wehrpflichtarmee
Dauer des Wehrdienstes:	1 Jahr
Anteil des Militäretats am BIP:	0,9 %
Atommacht:	Nein

Heer:
7.350 Soldaten, 128 Schützenpanzer, 83 Artilleriegeschütze

Marine:
650 Soldaten, 4 Küstenschutzboote, 5 Minenabwehrboote

Luftwaffe:
1.100 Soldaten, 5 Transportflugzeuge, 9 Hubschrauber

Republik Mali

Verteidigungsattaché
Brigadegeneral Yacouba Sidibe (Heer)

Botschaft der Republik Mali
Kurfürstendamm 72, 10709 Berlin
Tel.: 030-3 19 98 83, Fax: 030-31 99 88 48

Hauptstadt:	Bamako
Größe:	1.240.192 km²
Küstenlinie:	–
Staatsform:	Republik
Staatsoberhaupt:	Präsident Ibrahim Boubacar Keita

Bevölkerung

Einwohner:	14.854.000
Religion:	Muslime 88 %, Christen 5 %
Alphabetisierungsgrad:	Männer 54 %, Frauen 40 %
Durchschnittliche Lebenserwartung:	53 Jahre
Durchschnittsalter:	16 Jahre

Politik und Wirtschaft

Arbeitslosenquote:	k. A.
Bruttoinlandsprodukt pro Kopf:	660 US-$
Importe:	3,25 Mrd. US-$
Hauptimportpartner:	–
Exporte:	2,39 Mrd. US-$
Hauptexportpartner:	–
Unterzeichner der Menschenrechtscharta der UNO:	Ja
Unterzeichner des Atomwaffensperrvertrages:	Ja
Todesstrafe:	Ja

Verteidigung

Stärke der Armee:	7.800 Soldaten, Wehrpflichtarmee
Dauer des Wehrdienstes:	2 Jahre
Anteil des Militäretats am BIP:	1,3 %
Atommacht:	Nein

Heer:
7.350 Soldaten, 51 Kampfpanzer,
148 Schützenpanzer, 46 Artilleriegeschütze

Luftwaffe:
400 Soldaten, 4 Kampfflugzeuge,
10 Transportflugzeuge, 6 Hubschrauber

Marine:
50 Soldaten, 3 Küstenschutzboote

Königreich Marokko

Verteidigungsattaché
Oberstleutnant Mohamed Boujida (Heer)

Botschaft des Königreichs Marokko
Niederwallstraße 39, 10117 Berlin
Tel: 030-2 06 12 40, Fax: 030-20 61 24 20

Hauptstadt:	Rabat
Größe:	446.550 km²
Küstenlinie:	1.835 km
Staatsform:	Parlamentarische Monarchie
Staatsoberhaupt:	König Mohammed VI

Bevölkerung

Einwohner:	32.521.000
Religion:	Sunniten 90 %
Alphabetisierungsgrad:	Männer 66 %, Frauen 40 %
Durchschnittliche Lebenserwartung:	76 Jahre
Durchschnittsalter:	30 Jahre

Politik und Wirtschaft

Arbeitslosenquote:	8,8 %
Bruttoinlandsprodukt pro Kopf:	2.940 US-$
Hauptimporte:	Energie 28 %, Halbfabrikate 20 %
Hauptimportpartner:	Spanien 13 %, Frankreich 12 %, VR China 7 %
Hauptexporte:	Halbfabrikate 28 %, Konsumgüter 24 %
Hauptexportpartner:	Frankreich 22 %, Spanien 17 %, USA 4 %
Unterzeichner der Menschenrechtscharta der UNO:	Ja
Unterzeichner des Atomwaffensperrvertrages:	Ja
Todesstrafe:	Nein

Verteidigung

Stärke der Armee:	195.800 Soldaten, Berufsarmee
Anteil des Militäretats am BIP:	4,8 %
Atommacht:	Nein

Heer:

175.000	Soldaten
496	Kampfpanzer
1.305	Schützenpanzer
2.141	Artilleriegeschütze

Luftwaffe:

13.000	Soldaten
92	Kampfflugzeuge
49	Transportflugzeuge
89	Hubschrauber

Marine:

7.800	Soldaten
5	Fregatten
1	Korvette
59	Küstenschutzboote
3	Hubschrauber

Marokkanische Fregatte "RMNS Oberstleutnant Errhamani" (F 501) Foto: U.S. Navy/Gaston

Republik Mazedonien
Verteidigungsattaché (vakant)

Botschaft der Republik Mazedonien
Koenigsallee 2 - 4, 14193 Berlin
Tel: 030-89 06 95 22, Fax: 030-89 54 11 94

Hauptstadt:	Skopje
Größe:	25.713 km²
Küstenlinie:	–
Staatsform:	Republik
Staatsoberhaupt:	Präsident Gjorge Ivanov

Bevölkerung

Einwohner:	2.106.000
Religion:	Christen 70 %, Muslime 25 %
Alphabetisierungsgrad:	Männer 98 %, Frauen 94 %
Durchschnittliche Lebenserwartung:	75 Jahre
Durchschnittsalter:	36 Jahre

Politik und Wirtschaft

Arbeitslosenquote:	31 %
Bruttoinlandsprodukt pro Kopf:	4.690 US-$
Hauptimporte:	Erdöl 15 %, chem. Erzeugnisse 11 %
Hauptimportpartner:	Griechenland 12 %, Deutschland 10 %, Großbritannien 9 %
Hauptexporte:	Eisen u. Stahl 21 %, chem. Erzeugnisse 17 %
Hauptexportpartner:	Deutschland 29 %, Serbien 17 %, Bulgarien 7 %
Unterzeichner der Menschenrechtscharta der UNO:	Ja
Unterzeichner des Atomwaffensperrvertrages:	Ja
Todesstrafe:	Nein

Verteidigung

Stärke der Armee:	8.000 Soldaten, Berufsarmee
Anteil des Militäretats am BIP:	6 %
Atommacht:	Nein

Heer:
7.700 Soldaten
31 Kampfpanzer
262 Schützenpanzer
126 Artilleriegeschütze

Marine:
7 Küstenschutzboote

Luftwaffe:
1 Transportflugzeug
12 Hubschrauber

VERTEIDIGUNG ERFORDERT
FÄHIGKEITEN

WIR SCHAFFEN SICHERHEIT

MARITIME SUPERIORITY
AIR DOMINANCE
BATTLEFIELD ENGAGEMENT
GROUND BASED AIR DEFENCE

MBDA DEUTSCHLAND - DAS SYSTEMHAUS FÜR LENKFLUGKÖRPER UND LUFTVERTEIDIGUNG

Der Moment, in dem Kompetenz und Erfahrung zum Einsatz kommen. Für diesen Moment arbeiten wir. Wir stellen unsere Fähigkeiten und langjährige Erfahrung in den Dienst unserer Streitkräfte. MEADS leistet einen wesentlichen Beitrag zur Luftverteidigung der Zukunft.

www.mbda-systems.com

MBDA
MISSILE SYSTEMS

Vereinigte Mexikanische Staaten

Heeres- und Luftwaffenattaché
Brigadegeneral Arturo Solano Escobedo (Heer)

Marineattaché Kapitän zur See Aurelio Argüelles Rodriguez (Marine)
Stv. Heeres- und Luftwaffenattaché Oberstleutnant i.G. Francisco Hernández Almanza (Heer)

Botschaft der Vereinigten Mexikanischen Staaten
Klingelhöferstraße 3, 10785 Berlin
Tel: 030-2 69 32 30, Fax: 030-2 69 32 37 00

Hauptstadt:	Mexiko-Stadt
Größe:	1.964.375 km^2
Küstenlinie:	9.330 km
Staatsform:	Präsidiale Bundesrepublik
Staatsoberhaupt:	Präsident Felipe Calderón Hinojosa

Bevölkerung

Einwohner:	120.847.000
Religion:	Katholiken 84 %, Protestanten 6 %, religionslos 5 %
Alphabetisierungsgrad:	Männer 87 %, Frauen 85 %
Durchschnittliche Lebenserwartung:	77 Jahre
Durchschnittsalter:	27 Jahre

Politik und Wirtschaft

Arbeitslosenquote:	5,0 %
Bruttoinlandsprodukt pro Kopf:	9.740 US-$
Hauptimporte:	Elektronik 16 %, Maschinen 13 %
Hauptimportpartner:	USA 50 %, VR China 15 %, Japan 5 %
Hauptexporte:	Kfz 19 %, Elektronik 17 %
Hauptexportpartner:	USA 78 %, Kanada 3 %, Spanien 2 %
Unterzeichner der Menschenrechtscharta der UNO:	Ja
Unterzeichner des Atomwaffensperrvertrages:	Ja
Todesstrafe:	Nein

Verteidigung

Stärke der Armee:	270.250 Soldaten, Wehrpflichtarmee
Dauer des Wehrdienstes:	1 Jahr
Anteil des Militäretats am BIP:	0,5 %
Atommacht:	Nein

Heer:

200.000	Soldaten
943	Schützenpanzer
1.390	Artilleriegeschütze

Marine:

58.500 Soldaten
(einschließlich 21.500 Marineinfanteristen)

7	Fregatten
124	Küstenschutzboote
7	Kampfflugzeuge
23	Transportflugzeuge
56	Hubschrauber
29	Schützenpanzer
122	Artilleriegeschütze

Luftwaffe:

11.750	Soldaten
76	Kampfflugzeuge
120	Transportflugzeuge
152	Hubschrauber

Mexikanische Militärmusikkapelle Foto: LWY/flickr

Mongolei

Verteidigungsattaché
Oberstleutnant i. G. Dulamjav Erdenebileg (Heer)

Botschaft der Mongolei
Dietzgenstraße 31, 13156 Berlin
Tel: 030-4 74 80 60, Fax: 030-47 48 06 16

Hauptstadt:	Ulan Bator
Größe:	1.564.117 km²
Küstenlinie:	0 km
Staatsform:	Republik
Staatsoberhaupt:	Präsident Tsakhiagiin Elbegdorj

Bevölkerung

Einwohner:	2.796.000
Religion:	Buddhisten 90 %, Muslime 4 %,
Alphabetisierungsgrad:	Männer 98 %, Frauen 98 %
Durchschnittliche Lebenserwartung:	69 Jahre
Durchschnittsalter:	26 Jahre

Politik und Wirtschaft

Arbeitslosenquote:	6,8 %
Bruttoinlandsprodukt pro Kopf:	3.160 US-$
Hauptimporte:	Maschinen 25 %, Fahrzeuge 19 %
Hauptimportpartner:	VR China 28 %, Russland 27 %, USA 8 %
Hauptexporte:	Kohle 43 %, Kupfer 19 %
Hauptexportpartner:	VR China 93 %, Kanada 3 %, Russland 2 %
Unterzeichner der Menschenrechtscharta der UNO:	Ja
Unterzeichner des Atomwaffensperrvertrages:	Ja
Todesstrafe:	Ja

Verteidigung

Stärke der Armee:	10.000 Soldaten, Wehrpflichtarmee
Dauer des Wehrdienstes:	1 Jahr
Anteil des Militäretats am BIP:	0,8 %
Atommacht:	Nein

Heer:
8.900 Soldaten
370 Kampfpanzer
600 Schützenpanzer
570 Artilleriegeschütze

Luftwaffe:
800 Soldaten
3 Transportflugzeuge
13 Hubschrauber

Montenegro

Verteidigungsattaché
Oberst i.G. Zoran Boskovic (Heer)

Botschaft von Montenegro
Dessauer Straße 28 - 29, 10963 Berlin
Tel.: 030-51651070, Fax: 030-516510712

Hauptstadt:	Podgorica
Größe:	13.812 km²
Küstenlinie:	294 km
Staatsform:	Republik
Staatsoberhaupt:	Präsident Filip Vujanović

Bevölkerung

Einwohner:	621.000
Religion:	Orthodoxe 75 %, Muslime 15 %, Katholiken 3,5 %
Alphabetisierungsgrad:	Männer 99 %, Frauen 99 %
Durchschnittliche Lebenserwartung:	72 Jahre
Durchschnittsalter:	38 Jahre

Politik und Wirtschaft

Arbeitslosenquote:	k. A.
Bruttoinlandsprodukt pro Kopf:	510 US-$
Importe:	5,6 Mrd. US-$
Hauptimportpartner:	–
Hauptexporte:	3,8 Mrd. US-$
Hauptexportpartner:	–
Unterzeichner der Menschenrechtscharta der UNO:	Nein
Unterzeichner des Atomwaffensperrvertrages:	Ja
Todesstrafe:	Nein

Verteidigung

Stärke der Armee:	2.080 Soldaten, Berufsarmee
Anteil des Militäretats am BIP:	0,2 %
Atommacht:	Nein

Heer:
1.500 Soldaten
8 Schützenpanzer, 149 Artilleriegeschütze

Luftwaffe:
230 Soldaten
15 Hubschrauber

Marine:
350 Soldaten
2 U-Boote, 5 Küstenschutzboote

Republik Namibia

Verteidigungsattaché
Oberst Charles Matengu Soja (Heer)

Stv. Verteidigungsattaché Oberst i.G. George Kaxuxwena (Heer)

Botschaft der Republik Namibia
Reichsstraße 17, 14052 Berlin
Tel: 030-2 54 09 50, Fax: 030-25 40 95 55

Hauptstadt:	Windhuk
Größe:	824.292 km^2
Küstenlinie:	1.572 km
Staatsform:	Republik
Staatsoberhaupt:	Präsident Hifikepunye Pohamba

Bevölkerung

Einwohner:	2.259.000
Religion:	Lutheraner 50 %, Katholiken 20 %
Alphabetisierungsgrad:	Männer 87 %, Frauen 84 %
Durchschnittliche Lebenserwartung:	52 Jahre
Durchschnittsalter:	22 Jahre

Politik und Wirtschaft

Arbeitslosenquote:	k. A.
Bruttoinlandsprodukt pro Kopf:	5.670 US-$
Importe:	6,3 Mrd. US-$
Hauptimportpartner:	Südafrika
Hauptexporte:	4,4 Mrd. US-$
Hauptexportpartner:	Südafrika
Unterzeichner der Menschenrechtscharta der UNO:	Ja
Unterzeichner des Atomwaffensperrvertrages:	Ja
Todesstrafe:	Nein

Verteidigung

Stärke der Armee:	9.200 Soldaten, Berufsarmee
Anteil des Militäretats am BIP:	3,7 %
Atommacht:	Nein

Heer:

9.000 Soldaten
72 Schützenpanzer
69 Artilleriegeschütze

Marine:

200 Soldaten
8 Küstenschutzboote
1 Transportflugzeug
1 Hubschrauber

Luftwaffe:

14 Kampfflugzeuge
6 Transportflugzeuge
9 Hubschrauber

AIM INFRAROT-MODULE GmbH Theresienstraße 2 · D 74072 Heilbronn / Germany · Tel.: +49 71 31 62 12-0 · Fax: +49 71 31 62 12-939 · info@aim-ir.com · www.aim-ir.com

Neuseeland

Verteidigungsattaché
Fregattenkapitän Andrew McMillan (Marine)

Botschaft von Neuseeland
Friedrichstraße 60, 10117 Berlin
Tel: 030-20 62 10, Fax: 030-20 62 11 14
Dienstsitz: London

Hauptstadt:	Wellington
Größe:	267.710 km²
Küstenlinie:	15.135 km
Staatsform:	Parlamentarische Monarchie
Staatsoberhaupt:	Königin Elizabeth II

Bevölkerung

Einwohner:	4.433.000
Religion:	religionslos 35 %, Anglikaner 15 %, Katholiken 14 %, Presbyterianer 11 %
Alphabetisierungsgrad:	Männer 99 %, Frauen 99 %
Durchschnittliche Lebenserwartung:	81 Jahre
Durchschnittsalter:	37 Jahre

Politik und Wirtschaft

Arbeitslosenquote:	6,9 %
Bruttoinlandsprodukt pro Kopf:	30.620 US-$
Hauptimporte:	Erdöl 18 %, chem. Erzeugnisse 11 %
Hauptimportpartner:	VR China 16 %, Australien 15 %, USA 9 %
Hauptexporte:	Nahrungsmittel 50 %, Rohstoffe 12 %
Hauptexportpartner:	Australien 21 %, VR China 15 %, USA 9 %
Unterzeichner der Menschenrechtscharta der UNO:	Ja
Unterzeichner des Atomwaffensperrvertrages:	Ja
Todesstrafe:	Nein

Verteidigung

Stärke der Armee:	8.550 Soldaten, Berufsarmee
Anteil des Militäretats am BIP:	1,5 %
Atommacht:	Nein

Heer:

4.300 Soldaten
105 Schützenpanzer
74 Artilleriegeschütze

Marine:

1.900 Soldaten
2 Fregatten
6 Küstenschutzboote

Luftwaffe:

2.350 Soldaten
6 Kampfflugzeuge
12 Transportflugzeuge
27 Hubschrauber

Neuseeländische Fregatte "HMZNS Te-Mana" (F 111) im Persischen Golf Foto: U.S. Navy/Morton

Königreich der Niederlande

Verteidigungsattaché
Oberst i.G. Gerard van Opdorp (Heer)

Stv. Verteidigungsattaché, Marine- und Wehrtechnischer Attaché Fregattenkapitän Peter van der Heijden (Marine)
Stv. Verteidigungsattaché Oberstleutnant i.G. Peter Esmeijer (Luftwaffe)

Botschaft des Königreichs der Niederlande
Klosterstraße 50, 10179 Berlin
Tel: 030-20 95 60, Fax: 030-20 95 64 41

Hauptstadt:	Amsterdam
Größe:	41.543 km²
Küstenlinie:	452 km
Staatsform:	Parlamentarische Monarchie
Staatsoberhaupt:	König Willem-Alexander
Bevölkerung	
Einwohner:	16.768.000
Religion:	konfessionslos 42 %, Katholiken 30 %, Protestanten 20 %
Alphabetisierungsgrad:	Männer 99 %, Frauen 99 %
Durchschnittliche Lebenserwartung:	80 Jahre
Durchschnittsalter:	41 Jahre
Politik und Wirtschaft	
Arbeitslosenquote:	5,3 %
Bruttoinlandsprodukt pro Kopf:	48.250 US-$
Hauptimporte:	Maschinen 27 %, Mineralöl 25 %
Hauptimportpartner:	Deutschland 16 %, VR China 8 %, Großbritannien 7 %
Hauptexporte:	Maschinen 26 %, Mineralöl 19 %
Hauptexportpartner:	Deutschland 24 %, Belgien 12 %, Frankreich 9 %
Unterzeichner der Menschenrechtscharta der UNO:	Ja
Unterzeichner des Atomwaffensperrvertrages:	Ja
Todesstrafe:	Nein
Verteidigung	
Stärke der Armee:	37.400 Soldaten, Berufsarmee
Anteil des Militäretats am BIP:	1,6 %
Atommacht:	Nein

Heer:

20.850 Soldaten
809 Schützenpanzer
61 Artilleriegeschütze

Marine:

8500 Soldaten
(einschließlich 2.654 Marineinfanteristen)
4 U-Boote
4 Zerstörer
2 Fregatten
3 Küstenschutzboote
6 Minenabwehrboote
151 Schützenpanzer
18 Artilleriegeschütze

Luftwaffe:

8.050 Soldaten
72 Kampfflugzeuge
6 Transportflugzeuge
65 Hubschrauber

Niederländisches Transportflugzeug C-130 "Hercules" Foto: Portugall

Republik Niger

Verteidigungsattaché
Colonel Major i.G. Salifou Mody (Heer)

Botschaft der Republik Niger
Machnower Straße 24, 14165 Berlin
Tel.: 030-58 96 60 80, Fax: 030-80 58 96 62

Hauptstadt:	Niamey
Größe:	1.267.000 km²
Küstenlinie:	–
Staatsform:	Präsidialrepublik
Staatsoberhaupt:	Präsident Mahamadou Issoufou

Bevölkerung

Einwohner:	17.157.000
Religion:	Muslime 90 %, indigene Religionen 10 %
Alphabetisierungsgrad:	Männer 26 %, Frauen 10 %
Durchschnittliche Lebenserwartung:	54 Jahre
Durchschnittsalter:	15 Jahre

Politik und Wirtschaft

Arbeitslosenquote:	k. A.
Bruttoinlandsprodukt pro Kopf:	370 US-$
Importe:	2,4 Mrd. US-$
Hauptimportpartner:	–
Exporte:	1,3 Mrd. US-$
Hauptexportpartner:	–
Unterzeichner der Menschenrechtscharta der UNO:	Ja
Unterzeichner des Atomwaffensperrvertrages:	Ja
Todesstrafe:	Ja

Verteidigung

Stärke der Armee:	5.300 Soldaten, Berufsarmee
Anteil des Militäretats am BIP:	0,9 %
Atommacht:	Nein

Heer:

5.200 Soldaten
154 Schützenpanzer
40 Artilleriegeschütze

Luftwaffe:

100 Soldaten
5 Transportflugzeuge
2 Hubschrauber

Bundesrepublik Nigeria
Verteidigungsattaché Generalmajor John M. Ogidi (Heer)

Botschaft der Bundesrepublik Nigeria
Neue Jakobstraße 4, 10179 Berlin
Tel: 030-21 23 00, Fax: 030-21 23 02 12
Dienstsitz: London

Hauptstadt:	Abuja
Größe:	923.768 km²
Küstenlinie:	854 km
Staatsform:	Bundesrepublik
Staatsoberhaupt:	Präsident Dr. Goodluck Jonathan

Bevölkerung

Einwohner:	168.834.000
Religion:	Muslime 50 %, Christen 40 %
Alphabetisierungsgrad:	Männer 76 %, Frauen 61 %
Durchschnittliche Lebenserwartung:	52 Jahre
Durchschnittsalter:	19 Jahre

Politik und Wirtschaft

Arbeitslosenquote:	k. A.
Bruttoinlandsprodukt pro Kopf:	1.430 US-$
Hauptimporte:	Nahrungsmittel 28 %, Maschinen 11 %
Hauptimportpartner:	USA 18 %, VR China 15 %, Brasilien 6 %
Hauptexporte:	Erdöl 84 %, Rohstoffe 7 %
Hauptexportpartner:	USA 28 %, Indien 12 %, Brasilien 8 %
Unterzeichner der Menschenrechtscharta der UNO:	Ja
Unterzeichner des Atomwaffensperrvertrages:	Ja
Todesstrafe:	Ja

Verteidigung

Stärke der Armee:	80.000 Soldaten, Berufsarmee
Anteil des Militäretats am BIP:	1,5 %
Atommacht:	Nein

Heer:
62.000 Soldaten, 433 Kampfpanzer, 936 Schützenpanzer, 506 Artilleriegeschütze

Marine:
8.000 Soldaten, 1 Fregatte, 1 Korvette, 93 Küstenschutzboote, 2 Minenabwehrboote, 5 Hubschrauber

Luftwaffe:
10.000 Soldaten, 54 Kampfflugzeuge, 30 Transportflugzeuge, 27 Hubschrauber

Königreich Norwegen

Verteidigungsattaché
Kapitän zur See Frode Vincent Faeravaag (Marine)

Stv. Verteidigungsattaché Oberstleutnant i.G. Petter J. Jamissen

Botschaft des Königreichs Norwegen
Rauchstraße 1, 10787 Berlin
Tel: 030-50 50 50, Fax: 030-50 50 55

Hauptstadt:	Oslo
Größe:	385.186 km²
Küstenlinie:	25.148 km
Staatsform:	Parlamentarische Monarchie
Staatsoberhaupt:	König Harald V
Bevölkerung	
Einwohner:	5.019.000
Religion:	Christen 86 %, Muslime 2 %
Alphabetisierungsgrad:	Männer 99 %, Frauen 99 %
Durchschnittliche Lebenserwartung:	80 Jahre
Durchschnittsalter:	40 Jahre
Politik und Wirtschaft	
Arbeitslosenquote:	3,2 %
Bruttonationalprodukt pro Kopf:	98.860 US-$
Hauptimporte:	Maschinen 11 %, Kfz 10 %
Hauptimportpartner:	Schweden 13 %, Deutschland 12 %, VR China 9 %
Hauptexporte:	Erdöl 43 %, Gas 25 %
Hauptexportpartner:	Großbritannien 28 %, Niederlande 12 %, Deutschland 11 %
Unterzeichner der Menschenrechtscharta der UNO:	Ja
Unterzeichner des Atomwaffensperrvertrages:	Ja
Todesstrafe:	Nein
Verteidigung	
Stärke:	24.450 Soldaten, 33.000 bei Mobilisierung plus 50.000 Heimwehr, Wehrpflichtarmee
Dauer des Wehrdienstes:	1 Jahr
Anteil des Militäretats am BIP:	1,9 %

Heer:

8.900	Soldaten
52	Kampfpanzer
515	Schützenpanzer
264	Artilleriegeschütze

Luftwaffe:

3.650	Soldaten
63	Kampfflugzeuge
4	Transportflugzeuge
36	Hubschrauber

Marine:

3.900	Soldaten
6	U-Boote
5	Zerstörer
6	Küstenschutzboote
6	Minenabwehrboote

Norwegisches U-Boot "Utstein" (KMN 302) Foto: U.S. Navy

Republik Österreich

Verteidigungsattaché
Brigadegeneral Michael Derman (Bundesheer)

Stv. Verteidigungsattaché Oberst Helmut Brandtner (Bundesheer)

Botschaft der Republik Österreich
Stauffenbergstraße 1, 10785 Berlin
Tel: 030-20 28 70, Fax: 030-2 29 05 69

Hauptstadt:	Wien
Größe:	83.871 km²
Küstenlinie:	–
Staatsform:	Republik
Staatsoberhaupt:	Präsident Dr. Heinz Fischer
Bevölkerung	
Einwohner:	8.462.000
Religion:	Katholiken 66 %, Muslime 4,2 %, Protestanten 3,9 %
Alphabetisierungsgrad:	Männer 99 %, Frauen 99 %
Durchschnittliche Lebenserwartung:	80 Jahre
Durchschnittsalter:	43 Jahre
Politik und Wirtschaft	
Arbeitslosenquote:	4,3 %
Bruttoinlandsprodukt pro Kopf:	48.160 US-$
Hauptimporte:	Maschinen 32 %, Fertigwaren 29 %
Hauptimportpartner:	Deutschland 38 %, Italien 6 %, Schweiz 5 %
Hauptexporte:	Maschinen 38 %, Fertigwaren 34 %, chem. Erzeugnisse 12 %
Hauptexportpartner:	Deutschland 31 %, Italien 7 %, USA 6 %
Unterzeichner der Menschenrechtscharta der UNO:	Ja
Unterzeichner des Atomwaffensperrvertrages:	Ja
Todesstrafe:	Nein
Verteidigung	
Stärke der Armee:	23.250 Soldaten, 15.000 Reserve, Wehrpflichtarmee
Dauer des Wehrdienstes:	6 Monate
Anteil des Militäretats am BIP:	0,8 %
Atommacht:	Nein

Heer:

11.500	Soldaten
56	Kampfpanzer
218	Schützenpanzer
156	Artilleriegeschütze

Luftwaffe:

2.750	Soldaten
37	Kampfflugzeuge
11	Transportflugzeuge
67	Hubschrauber

Österreichischer Kampfpanzer "Leopard 2A4" Foto: Bundesheer/Schafler

Islamische Republik Pakistan

Verteidigungs- und Heeresattaché Brigadegeneral Moin U.D. Ghazali (Heer)

Luftwaffen- und Marineattaché Kapitän zur See Abdul Samad (Marine)

Botschaft der Islamischen Republik Pakistan
Schaperstraße 29, 10719 Berlin
Tel: 030-21 24 40, Fax: 030-21 24 42 10

Hauptstadt:	Islamabad
Größe:	796.095 km^2
Küstenlinie:	1.046 km
Staatsform:	Parlamentarische Demokratie
Staatsoberhaupt:	Präsident Asif Ali Zardari

Bevölkerung

Einwohner:	179.160.000
Religion:	Sunniten 75 %, Schiiten 25 %
Alphabetisierungsgrad:	Männer 63 %, Frauen 36 %
Durchschnittliche Lebenserwartung:	66 Jahre
Durchschnittsalter:	22 Jahre

Politik und Wirtschaft

Arbeitslosenquote:	7,7 % (offiziell)
Bruttoinlandsprodukt pro Kopf:	1.260 US-$
Hauptimporte:	Erdöl 35 %, chem. Erzeugnisse 15 %
Hauptimportpartner:	VAE 17 %, VR China 11 %, Afghanistan 9 %
Hauptexporte:	Textilien 53 %, Nahrungsmittel 16 %
Hauptexportpartner:	USA 15 %, VAE 12 %, VR China 11 %
Unterzeichner der Menschenrechtscharta der UNO:	Nein
Unterzeichner des Atomwaffensperrvertrages:	Nein
Todesstrafe:	Ja

Verteidigung

Stärke der Armee:	642.000 Soldaten, Berufsarmee
Anteil des Militäretats am BIP:	3,1 %
Atommacht:	Ja

Nuklear-strategische Kräfte:
12.000 bis 15.000 Soldaten
30 Mittelstreckenraketen
30 Kurzstreckenraketen
100-120 Sprengköpfe

Heer:
550.000 Soldaten
2.411 Kampfpanzer
1.390 Schützenpanzer
4.607 Artilleriegeschütze
14 Transportflugzeuge
237 Hubschrauber

Marine:
22.000 Soldaten
(einschließlich 1.400 Marineinfanteristen)
8 U-Boote
10 Fregatten
12 Küstenschutzboote
3 Minenabwehrboote
7 Kampfflugzeuge
1 Transportflugzeug
18 Hubschrauber

Luftwaffe:
70.000 Soldaten
423 Kampfflugzeuge,
34 Transportflugzeuge
19 Hubschrauber

Pakistanische Panzerhaubitze M-109 Foto: Army of Pakistan

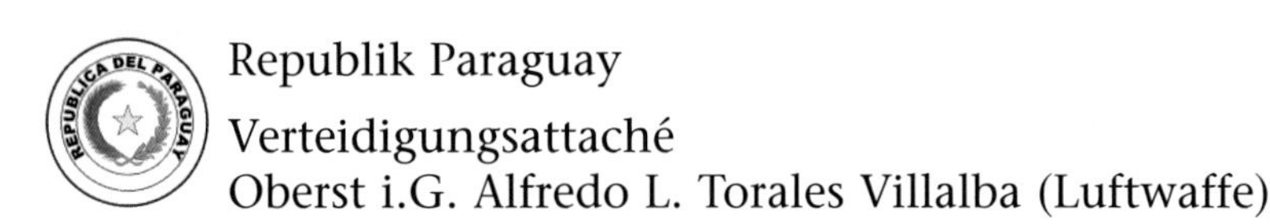

Republik Paraguay

Verteidigungsattaché
Oberst i.G. Alfredo L. Torales Villalba (Luftwaffe)

Botschaft der Republik Paraguay
Hardenbergstraße 12, 10623 Berlin
Tel.: 030-31 99 86 0, Fax: 030-31 99 86 17

Hauptstadt:	Asunción
Größe:	406.752 km²
Küstenlinie:	–
Staatsform:	Präsidialrepublik
Staatsoberhaupt:	Präsident Frederico Franco Gómez

Bevölkerung

Einwohner:	6.687.000
Religion:	Katholiken 90 %, Protestanten 6 %,
Alphabetisierungsgrad:	Männer 63 %, Frauen 36 %
Durchschnittliche Lebenserwartung:	66 Jahre
Durchschnittsalter:	22 Jahre

Politik und Wirtschaft

Arbeitslosenquote:	7,11 %
Bruttoinlandsprodukt pro Kopf:	3.290 US-$
Hauptimporte:	Elektronik 16 %, Erdöl 15 %
Hauptimportpartner:	VR China 28 %, Brasilien 23 %, Argentinien 16 %
Hauptexporte:	Nahrungsmittel 43 %, Rohstoffe 37 %
Hauptexportpartner:	Brasilien 21 %, Uruguay 18 %, Argentinien 15 %
Unterzeichner der Menschenrechtscharta der UNO:	Nein
Unterzeichner des Atomwaffensperrvertrages:	Nein
Todesstrafe:	Ja

Verteidigung

Stärke der Armee:	10.650 Soldaten, Berufsarmee
Anteil des Militäretats am BIP:	1,5 %
Atommacht:	Ja

Heer:
7.600 Soldaten, 15 Kampfpanzer,
60 Schützenpanzer, 94 Artilleriegeschütze

Luftwaffe:
1.100 Soldaten, 6 Kampfflugzeuge,
19 Transportflugzeuge, 10 Hubschrauber

Marine:
1.950 Soldaten, 20 Küstenschutzboote,
6 Transportflugzeuge, 49 Hubschrauber

Republik Peru

Verteidigungsattaché
Kapitän zur See Pedro Zevallos (Marine)

Botschaft der Republik Peru
Kurfürstendamm 92, 10709 Berlin
Tel: 030-3 19 92 80, Fax: 030-31 99 28 20

Hauptstadt:	Lima
Größe:	1.285.216 km²
Küstenlinie:	2.415 km
Staatsform:	Republik
Staatsoberhaupt:	Präsident Ollanta Humala Tasso

Bevölkerung

Einwohner:	29.988.000
Religion:	Katholiken 85 %, Protestanten 13 %
Alphabetisierungsgrad:	Männer 96 %, Frauen 89 %
Durchschnittliche Lebenserwartung:	73 Jahre
Durchschnittsalter:	26 Jahre

Politik und Wirtschaft

Arbeitslosenquote:	6,8 %
Bruttoinlandsprodukt pro Kopf:	5.880 US-$
Hauptimporte:	Erdöl 16 %, chem. Erzeugnisse 14 %
Hauptimportpartner:	USA 19 %, VR China 19 %, Brasilien 6 %
Hauptexporte:	Rohstoffe 31 %, Nahrungsmittel 16 %
Hauptexportpartner:	VR China 17 %, USA 13 %, Schweiz 11 %
Unterzeichner der Menschenrechtscharta der UNO:	Ja
Unterzeichner des Atomwaffensperrvertrages:	Ja
Todesstrafe:	Nein

Verteidigung

Stärke der Armee:	115.000 Soldaten, Berufsarmee
Anteil des Militäretats am BIP:	1,0 %
Atommacht:	Nein

Heer:
74.000 Soldaten, 261 Kampfpanzer, 394 Schützenpanzer, 998 Artilleriegeschütze, 16 Transportflugzeuge, 33 Hubschrauber

Marine:
24.000 Soldaten (einschließlich 4.000 Marineinfanteristen), 6 U-Boote, 1 Kreuzer, 8 Fregatten, 6 Korvetten, 8 Küstenschutzboote, 4 Transportflugzeuge, 21 Hubschrauber, 35 Schützenpanzer, 18 Artilleriegeschütze

Luftwaffe:
17.000 Soldaten, 78 Kampfflugzeuge, 17 Transportflugzeuge, 65 Hubschrauber

Republik Polen

Verteidigungs-, Heeres-, Luftwaffen- und Marineattaché Oberst i.G. Tomasz Nojmiler (Luftwaffe)

Stv. Verteidigungs-, Heeres-, Luftwaffen- und Marineattaché
Fregattenkapitän Piotr Motacki (Marine)

Botschaft der Republik Polen
Lassenstraße 19 - 21, 14193 Berlin
Tel: 030-22 31 31 0, Fax: 030-22 31 31 55

Hauptstadt:	Warschau
Größe:	312.863 km²
Küstenlinie:	440 km
Staatsform:	Parlamentarische Demokratie
Staatsoberhaupt:	Präsident Bronisław Komorowski

Bevölkerung

Einwohner:	38.543.000
Religion:	Katholiken 87 %
Alphabetisierungsgrad:	Männer 99 %, Frauen 99 %
Durchschnittliche Lebenserwartung:	76 Jahre
Durchschnittsalter:	39 Jahre

Politik und Wirtschaft

Arbeitslosenquote:	10,1 %
Bruttoinlandsprodukt pro Kopf:	12.670 US-$
Hauptimporte:	chem. Erzeugnisse 12 %, Erdöl 12 %
Hauptimportpartner:	Deutschland 26 %, Russland 14 %, Niederlande 6 %
Hauptexporte:	Kfz 11 %, Nahrungsmittel 10 %
Hauptexportpartner:	Deutschland 25 %, Großbritannien 7 %, Tschechische Republik 6 %
Unterzeichner der Menschenrechtscharta der UNO:	Ja
Unterzeichner des Atomwaffensperrvertrages:	Ja
Todesstrafe:	Nein

Verteidigung

Stärke der Armee:	96.000 Soldaten, Berufsarmee
Anteil des Militäretats am BIP:	1,9 %
Atommacht:	Nein

Heer:

45.600 Soldaten
901 Kampfpanzer
2.212 Schützenpanzer
702 Artilleriegeschütze
141 Hubschrauber

Marine:

7.600 Soldaten
5 U-Boote
2 Fregatten
1 Korvette
5 Küstenschutzboote
21 Minenabwehrboote
2 Transportflugzeuge
26 Hubschrauber

Luftwaffe:

16.500 Soldaten
106 Kampfflugzeuge
36 Transporthubschrauber
59 Hubschrauber

Polnisches Kampfflugzeug MiG-29 Foto: Portugall

Portugiesische Republik

Verteidigungsattaché
Kapitän zur See Jorge M. d. Costa e Sousa (Marine)

Botschaft der Portugiesischen Republik
Zimmerstraße 56, 10117 Berlin
Tel: 030-5 90 06 35 00, Fax: 030-5 90 06 36 00

Hauptstadt:	Lissabon
Größe:	92.090 km²
Küstenlinie:	1.793 km
Staatsform:	Republik
Staatsoberhaupt:	Präsident Dr. Aníbal António Cavaco Silva

Bevölkerung

Einwohner:	10.527.000
Religion:	Katholiken 81 %, religionslos 15 %
Alphabetisierungsgrad:	Männer 96 %, Frauen 91 %
Durchschnittliche Lebenserwartung:	79 Jahre
Durchschnittsalter:	40 Jahre

Politik und Wirtschaft

Arbeitslosenquote:	15,9 %
Bruttoinlandsprodukt pro Kopf:	20.580 US-$
Hauptimporte:	Erdöl 16 %, chem. Erzeugnisse 14 %
Hauptimportpartner:	Spanien 32 %, Deutschland 12 %, Frankreich 7 %
Hauptexporte:	Kfz 11 %, Textilien 9 %
Hauptexportpartner:	Spanien 23 %, Deutschland 13 %, Frankreich 12 %
Unterzeichner der Menschenrechtscharta der UNO:	Ja
Unterzeichner des Atomwaffensperrvertrages:	Ja
Todesstrafe:	Nein

Verteidigung

Stärke der Armee:	42.600 Soldaten, Berufsarmee
Anteil des Militäretats am BIP:	2,3 %
Atommacht:	Nein

Heer:

25.700	Soldaten
113	Kampfpanzer
502	Schützenpanzer
360	Artilleriegeschütze

Luftwaffe:

7.200	Soldaten
42	Kampfflugzeuge
14	Transportflugzeuge
24	Hubschrauber

Marine:

9.700	Soldaten
2	U-Boote
5	Fregatten
7	Korvetten
17	Küstenschutzboote
5	Hubschrauber

Wartung eines portugiesischen Kampfflugzeugs F-16 Foto: U.S. Air Force/Soares

Rumänien

Verteidigungs-, Heeres-, Luftwaffen- und Marineattaché
Kapitän zur See Stefan S.-V. Mateiu (Marine)

Stv. Verteidigungs-, Heeres-, Luftwaffen- und Marineattaché
Oberst i.G. Ion G. Bucurescu (Heer)

Botschaft von Rumänien
Dorotheenstraße 62 - 66, 10117 Berlin
Tel: 030-21 23 92 02, Fax: 030-21 23 93 99

Hauptstadt:	Bukarest
Größe:	237.500 km^2
Küstenlinie:	225 km
Staatsform:	Republik
Staatsoberhaupt:	Präsident Traian Basescu

Bevölkerung

Einwohner:	21.327.000
Religion:	Orthodoxe 87 %, Katholiken 5 %, Reformierte 3 %
Alphabetisierungsgrad:	Männer 98 %, Frauen 96 %
Durchschnittliche Lebenserwartung:	74 Jahre
Durchschnittsalter:	39 Jahre

Politik und Wirtschaft

Arbeitslosenquote:	7,0 %
Bruttoinlandsprodukt pro Kopf:	8.420 US-$
Hauptimporte:	Maschinen 35 %, Fertigwaren 31 %
Hauptimportpartner:	Deutschland 17 %, Italien 11 %, Ungarn 9 %
Hauptexporte:	Maschinen 41 %, Fertigwaren 33 %
Hauptexportpartner:	Deutschland 19 %, Italien 12 %, Frankreich 7 %
Unterzeichner der Menschenrechtscharta der UNO:	Ja
Unterzeichner des Atomwaffensperrvertrages:	Ja
Todesstrafe:	Nein

Verteidigung

Stärke der Armee:	71.400 Soldaten, Berufsarmee
Anteil des Militäretats am BIP:	1,9 %
Atommacht:	Nein

Heer:

42.600 Soldaten
437 Kampfpanzer
1.214 Schützenpanzer
899 Artilleriegeschütze

Luftwaffe:

8.400 Soldaten
69 Kampfflugzeuge
13 Transportflugzeuge
68 Hubschrauber

Marine:

6.900 Soldaten
3 U-Boote
3 Zerstörer
4 Korvetten
17 Küstenschutzboote
11 Minenabwehrboote

Rumänisches Transportflugzeug C-27J "Spartan" Foto: Portugall

Russische Föderation

Verteidigungsattaché
Oberst i.G. Oleg Jurewitsch Avrinskiy (Heer)

Stv. Verteidigungsattaché Oberstleutnant i.G. Alexey Peteshov (Heer)
Stv. Verteidigungsattaché Oberstleutnant i.G. Sergej V. Chadaev (Luftwaffe)
Stv. Verteidigungsattaché Korvettenkapitän Stanislav N. Mazurin (Marine)
Heeresattaché Oberst i.G. Yuriy Grigorievitsch Degtyarev (Heer)
Stv. Heeresattaché (vakant)
Luftwaffen- und Marineattaché Oberst i.G. Michail Jurjewitsch Starow (Luftwaffe)
Stv. Luftwaffenattaché Oberst i.G. Vladislav Sazonnikov (Luftwaffe)

Botschaft der Russischen Föderation
Unter den Linden 63-65, 10117 Berlin
Tel: 030-2 29 11 10, Fax: 030-2 29 93 97

Hauptstadt:	Moskau
Größe:	17.098.242 km²
Küstenlinie:	37.653 km
Staatsform:	Präsidiale Bundesrepublik
Staatsoberhaupt:	Präsident Wladimir Putin

Bevölkerung

Einwohner:	143.533.000
Religion:	Orthodoxe 70 %, Muslime 14 %
Alphabetisierungsgrad:	Männer 99 %, Frauen 99 %
Durchschnittliche Lebenserwartung:	66 Jahre
Durchschnittsalter:	39 Jahre

Politik und Wirtschaft

Arbeitslosenquote:	5,5 %
Bruttoinlandsprodukt pro Kopf:	12.700 US-$
Hauptimporte:	Maschinen 16 %, chem. Erzeugnisse 12 %
Hauptimportpartner:	VR China 15 %, Deutschland 9 %, Ukraine 6 %
Hauptexporte:	Erdöl 54 %, chem. Erzeugnisse 5 %
Hauptexportpartner:	Niederlande 14 %, VR China 6 %, Italien 5 %
Unterzeichner der Menschenrechtscharta der UNO:	Ja
Unterzeichner des Atomwaffensperrvertrages:	Ja
Todesstrafe:	Ja

Verteidigung

Stärke der Armee:	854.500 Soldaten, Wehrpflichtarmee
Dauer des Wehrdienstes:	1 Jahr, danach Pflichtreserve bis zum 50. Lebensjahr
Anteil des Militäretats am BIP:	3,9 %
Atommacht:	Ja

Nuklear-Strategische Kräfte:

80.000	Soldaten
11	U-Boote mit ballistischen Raketen
313	Interkontinentalraketen
79	Bomber
ca. 8.500	Sprengköpfe

Heer:

285.000	Soldaten
2.800	Kampfpanzer
18.260	Schützenpanzer
5.436	Artilleriegeschütze

Marine:

130.000 Soldaten
(einschließlich 9.500 Marineinfanteristen)

45	U-Boote
1	Flugzeugträger
5	Kreuzer
18	Zerstörer
9	Fregatten
47	Korvetten
35	Küstenschutzboote
53	Minenabwehrboote
107	Kampfflugzeuge
37	Transportflugzeuge
212	Hubschrauber
160	Kampfpanzer
960	Schützenpanzer
367	Artilleriegeschütze

Luftwaffe:

148.000	Soldaten
1.462	Kampfflugzeuge
389	Transportflugzeuge
1.004	Hubschrauber

Russischer Kampfhubschrauber Ka-52 "Alligator" Foto: Portugall

Republik Sambia

Verteidigungsattaché
Oberst i. G. Elliard Shimaala (Heer)

Botschaft der Republik Sambia
Axel-Springer-Straße 54 a, 10117 Berlin
Tel: 030-2 06 29 40, Fax: 030-20 62 94 19

Hauptstadt:	Lusaka
Größe:	752.618 km²
Küstenlinie:	–
Staatsform:	Republik
Staatsoberhaupt:	Präsident Michael Chilufya Sata

Bevölkerung

Einwohner:	14.075.000
Religion:	Christen 50 %
Alphabetisierungsgrad:	Männer 87 %, Frauen 75 %
Durchschnittliche Lebenserwartung:	53 Jahre
Durchschnittsalter:	17 Jahre

Politik und Wirtschaft

Arbeitslosenquote:	k. A.
Bruttoinlandsprodukt pro Kopf:	1.350 US-$
Importe:	7,2 Mrd. US-$
Hauptimportpartner:	Südafrika
Exporte:	9,0 Mrd. US-$
Hauptexportpartner:	VR China, Indien, DR Kongo
Unterzeichner der Menschenrechtscharta der UNO:	Ja
Unterzeichner des Atomwaffensperrvertrages:	Ja
Todesstrafe:	Ja

Verteidigung

Stärke der Armee:	15.100 Soldaten, Berufsarmee
Anteil des Militäretats am BIP:	1,8 %
Atommacht:	Nein

Heer:

13.500	Soldaten
60	Kampfpanzer
103	Schützenpanzer
182	Artilleriegeschütze

Luftwaffe:

1.600	Soldaten
25	Kampfflugzeuge
23	Transportflugzeuge
23	Hubschrauber

SCHMIDT ⊙ BENDER

BERUFUNG MILITÄR

1-8 x 24 PM II DMR

3-12 x 50 PM II

Sieger des 2-Jahres-Qualitäts- und Härtetest durch das U.S. Marine Corps.
Seit 2005 im Einsatz des U.S. Marine Corps.

3-20 x 50 PM II DMR

Das 3-20 x 50 PM II DMR ist seit 2011 im Einsatz bei der Bundeswehr.

3-27 x 56 PM II High Power

Sieger des Test durch das US Special Operations Command. Seit 2012 im Einsatz des USSOCOM.

5-20 x 50 PM II Ultra Short

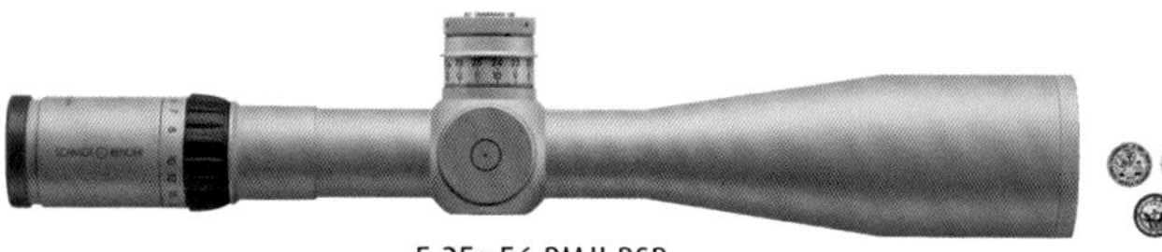

5-25 x 56 PM II PSR

Gewinner des Precision Sniper Rifle (PSR) Program des United States Special Operation Command.
Schmidt & Bender beliefert seit 2011 die Spezialeinheiten von Army, Navy, Air Force und Marines
mit dem Schmidt & Bender 5-25 x 56 PM II PSR Zielfernrohr.

Schmidt & Bender GmbH | Am Großacker 42 | 35444 Biebertal | Telefon: 06409 8115 - 0 | info@schmidt-bender.de | www.schmidt-bender.de

Königreich Saudi-Arabien

Verteidigungsattaché
Brigadegeneral Emad Al Daijy (Heer)

Botschaft des Königreichs Saudi-Arabien
Kurfürstendamm 63, 10707 Berlin
Tel: 030-88 92 50, Fax: 030-88 92 51 02

Hauptstadt:	Riad
Größe:	2.149.690 km²
Küstenlinie:	2.640 km
Staatsform:	Monarchie
Staatsoberhaupt:	König Abdallah bin Abdulaziz Al Saud

Bevölkerung

Einwohner:	28.288.000
Religion:	Muslime 98 % (Staatsreligion: Islam)
Alphabetisierungsgrad:	Männer 85 %, Frauen 71 %
Durchschnittliche Lebenserwartung:	74 Jahre
Durchschnittsalter:	25 Jahre

Politik und Wirtschaft

Arbeitslosenquote:	12,4 %
Bruttoinlandsprodukt pro Kopf:	18.030 US-$
Hauptimporte:	Maschinen 14 %, Nahrungsmittel 13 %
Hauptimportpartner:	VR China 13 %, USA 13 %, Deutschland 7 %
Hauptexporte:	Erdöl 85 %, chem. Erzeugnisse 8 %
Hauptexportpartner:	USA 14 %, Japan 13 %, VR China 12 %
Unterzeichner der Menschenrechtscharta der UNO:	Nein
Unterzeichner des Atomwaffensperrvertrages:	Ja
Todesstrafe:	Ja

Verteidigung

Stärke der Armee:	233.500 Soldaten, Berufsarmee
Anteil des Militäretats am BIP:	9,1 %
Atommacht:	Nein

Heer:

75.000	Soldaten
600	Kampfpanzer
2.503	Schützenpanzer
909	Artilleriegeschütze
91	Hubschrauber

Nationalgarde:

100.000	Soldaten
2.977	Schützenpanzer
208	Artilleriegeschütze

Marine:

13.500	Soldaten
3	Zerstörer
4	Fregatten
69	Küstenschutzboote
7	Minenabwehrboote
46	Hubschrauber

Luftwaffe:

20.000	Soldaten
296	Kampfflugzeuge
54	Transportflugzeuge
45	Hubschrauber

Saudisches Transportflugzeug C-130 "Hercules" im US-Bundesstaat Washington Foto: U.S. Air Force/Olds

Königreich Schweden

Verteidigungsattaché
Oberst i.G. Ulf Gunnehed (Heer)

Stv. Verteidigungsattaché Oberstleutnant i.G. Claes Bitterlich (Luftwaffe)

Botschaft des Königreichs Schweden
Rauchstraße 1, 10787 Berlin
Tel: 030-50 50 60, Fax: 030-50 50 67 89

Hauptstadt:	Stockholm
Größe:	449.696 km²
Küstenlinie:	3.218 km
Staatsform:	Parlamentarische Monarchie
Staatsoberhaupt:	König Carl XVI Gustaf

Bevölkerung

Einwohner:	9.517.000
Religion:	Evangelisch-Lutherische Schwedische Kirche 73 %, Muslime 4 %, Katholiken 2 %
Alphabetisierungsgrad:	Männer 99 %, Frauen 99 %
Durchschnittliche Lebenserwartung:	81 Jahre
Durchschnittsalter:	42 Jahre

Politik und Wirtschaft

Arbeitslosenquote:	8,0 %
Bruttoinlandsprodukt pro Kopf:	56.210 US-$
Hauptimporte:	Erdöl 15 %, chem. Erzeugnisse 11 %
Hauptimportpartner:	Deutschland 17 %, Norwegen 9 %, Dänemark 8 %
Hauptexporte:	Maschinen 15 %, chem. Erzeugnisse 11 %
Hauptexportpartner:	Norwegen 10 %, Deutschland 10 %, Großbritannien 8 %
Unterzeichner der Menschenrechtscharta der UNO:	Ja
Unterzeichner des Atomwaffensperrvertrages:	Ja
Todesstrafe:	Nein

Verteidigung

Stärke der Armee:	20.500 Soldaten, Berufsarmee
Anteil des Militäretats am BIP:	1,5 %
Atommacht:	Nein

Heer:

5.550 Soldaten
132 Kampfpanzer
1.000 Schützenpanzer
311 Artilleriegeschütze

Luftwaffe:

3.300 Soldaten
110 Kampfflugzeuge
10 Transportflugzeuge
51 Hubschrauber

Marine:

3.000 Soldaten
6 U-Boote
4 Korvetten
16 Küstenschutzboote
8 Minenabwehrboote

Schwedisches Kampfflugzeug JAS "Gripen" Foto: Portugall

Schweizerische Eidgenossenschaft

Verteidigungsattaché
Oberst i.G. Martin Lerch (Heer)

Schweizerische Botschaft
Otto-von-Bismarck-Allee 4a, 10557 Berlin
Tel: 030-39 04 00 0, Fax: 030 -3 91 10 30

Hauptstadt:	Bern
Größe:	41.285 km^2
Küstenlinie:	–
Staatsform:	Bundesstaat
Staatsoberhaupt:	Präsidentin Eveline Widmer-Schlumpf

Bevölkerung

Einwohner:	7.997.000
Religion:	Katholiken 39 %, Protestanten 28 %, Muslime 5 %
Alphabetisierungsgrad:	Männer 99 %, Frauen 99 %
Durchschnittliche Lebenserwartung:	81 Jahre
Durchschnittsalter:	42 Jahre

Politik und Wirtschaft

Arbeitslosenquote:	2,9 %
Bruttoinlandsprodukt pro Kopf:	82.730 US-$
Hauptimporte:	Arzneien 15 %, Maschinen 7 %
Hauptimportpartner:	Deutschland 31 %, Italien 9 %, Frankreich 7 %
Hauptexporte:	Arzneien 32 %, Uhren 11 %
Hauptexportpartner:	Deutschland 20 %, USA 11 %, Italien 7 %
Unterzeichner der Menschenrechtscharta der UNO:	Ja
Unterzeichner des Atomwaffensperrvertrages:	Ja
Todesstrafe:	Nein

Verteidigung

Stärke der Armee:	23.100 Soldaten Die Schweiz hat eine reine Mobilisierungsarmee. Nach Mobilisierung verfügt die Armee über 187.230 Soldaten.
Dauer des Wehrdienstes:	18 oder 21 Wochen Ausbildung, danach 6 Jahre, in denen jährlich eine Ausbildungseinheit absolviert werden muss.
Anteil des Militäretats am BIP:	1,0 %
Atommacht:	Nein

Heer:

107.900	Soldaten nach Mobilisierung
296	Kampfpanzer
955	Schützenpanzer
496	Artilleriegeschütze

Luftwaffe:

24.050	Soldaten nach Mobilisierung
87	Kampfflugzeuge
22	Transportflugzeuge
46	Hubschrauber

Schweizer Transporthubschrauber "Super Puma" Foto: Portugall

Republik Senegal

Verteidigungs-, Heeres-, Luftwaffen- und Marineattaché (vakant)

Botschaft der Republik Senegal
Dessauer Straße 28 – 29, 10963 Berlin
Tel: 030-8 56 21 90, Fax: 030-85 62 19 21

Hauptstadt:	Dakar
Größe:	196.722 km²
Küstenlinie:	531 km
Staatsform:	Präsidialrepublik
Staatsoberhaupt:	Präsident Macky Sall

Bevölkerung

Einwohner:	13.726.000
Religion:	Muslime 94 %, Christen 4 %, indigene Religionen 2 %
Alphabetisierungsgrad:	Männer 51 %, Frauen 29 %
Durchschnittliche Lebenserwartung:	60 Jahre
Durchschnittsalter:	18 Jahre

Politik und Wirtschaft

Arbeitslosenquote:	k. A.
Bruttoinlandsprodukt pro Kopf:	1.040 US-$
Importe:	6,4 Mrd. US-$
Hauptimportpartner:	Frankreich 15 %, Nigeria 12 %, Indien 7 %
Exporte:	2,5 Mrd. US-$
Hauptexportpartner:	Mali 16 %, Schweiz 13 %, Indien 12 %
Unterzeichner der Menschenrechtscharta der UNO:	Ja
Unterzeichner des Atomwaffensperrvertrages:	Ja
Todesstrafe:	Nein

Verteidigung

Stärke der Armee:	13.600 Soldaten, Wehrpflichtarmee
Dauer des Wehrdienstes:	2 Jahre
Anteil des Militäretats am BIP:	1,6 %
Atommacht:	Nein

Heer:
11.900 Soldaten
154 Schützenpanzer, 28 Artilleriegeschütze

Luftwaffe:
750 Soldaten
1 Kampfflugzeug, 9 Transportflugzeuge,
10 Hubschrauber

Marine:
950 Soldaten, 12 Küstenschutzboote

HK

MG5

Universalmaschinengewehr
Kal. 7,62 mm x 51 NATO

- Durchladen im gesicherten Zustand
- Geschossvorlagenfähig gemäß NATO AC225/D14
- MG3 Lafettenschnittstelle

www.heckler-koch.com

Republik Serbien

Verteidigungsattaché
Oberstleutnant i.G. Aleksandar Cera (Heer)

Stv. Verteidigungsattaché Oberstleutnant i.G. Sasa Vasiljevic (Heer)

Botschaft der Republik Serbien
Taubertstraße 18, 14193 Berlin
Tel: 030-8 95 77 00, Fax: 030-8 25 22 06

Hauptstadt:	Belgrad
Größe:	88.407 km²
Küstenlinie:	–
Staatsform:	Republik
Staatsoberhaupt:	Präsident Boris Tadić

Bevölkerung

Einwohner:	7.224.000
Religion:	Orthodox 85 %, Katholiken 5 %, Muslime 3 %
Alphabetisierungsgrad:	Männer 99 %, Frauen 94 %
Durchschnittliche Lebenserwartung:	74 Jahre
Durchschnittsalter:	41 Jahre

Politik und Wirtschaft

Arbeitslosenquote:	23,9 %
Bruttoinlandsprodukt pro Kopf:	5.280 US-$
Hauptimporte:	Maschinen 23 %, chem. Erzeugnisse 17 %
Hauptimportpartner:	Russland 11 %, Deutschland 11 %, Italien 10 %
Hauptexporte:	Nahrungsmittel 19 %, chem. Erzeugnisse 8 %
Hauptexportpartner:	Deutschland 12 %, Italien 11 %, Bosnien 10 %
Unterzeichner der Menschenrechtscharta der UNO:	Ja
Unterzeichner des Atomwaffensperrvertrages:	Ja
Todesstrafe:	Nein

Verteidigung

Stärke der Armee:	28.150 Soldaten, Berufsarmee
Anteil des Militäretats am BIP:	1,9 %
Atommacht:	Nein

Heer:

13.250	Soldaten
212	Kampfpanzer
408	Schützenpanzer
515	Artilleriegeschütze

Luftwaffe:

5.100	Soldaten
84	Kampfflugzeuge
10	Transportflugzeuge
60	Hubschrauber

Serbische Soldaten Foto: Ministry of Defence of Serbia

Republik Simbabwe

Verteidigungsattaché
Oberst i. G. Alinos Nhamoinesu (Luftwaffe)

Botschaft der Republik Simbabwe
Kommandantenstraße 80, 10117 Berlin
Tel: 030-2 06 22 63, Fax: 030-20 45 50 62
Dienstsitz: London

Hauptstadt:	Harare
Größe:	390.757 km²
Küstenlinie:	–
Staatsform:	Präsidialrepublik
Staatsoberhaupt:	Präsident Robert Gabriel Mugabe

Bevölkerung

Einwohner:	13.724.000
Religion:	Christen 65 %, Muslime 1 %
Alphabetisierungsgrad:	Männer 94 %, Frauen 87 %
Durchschnittliche Lebenserwartung:	52 Jahre
Durchschnittsalter:	18 Jahre

Politik und Wirtschaft

Arbeitslosenquote:	k. A.
Bruttoinlandsprodukt pro Kopf:	680 US-$
Importe:	4,4 Mrd. US-$
Hauptimportpartner:	–
Exporte:	3,5 Mrd. US-$
Hauptexportpartner:	–
Unterzeichner der Menschenrechtscharta der UNO:	Ja
Unterzeichner des Atomwaffensperrvertrages:	Ja
Todesstrafe:	Ja

Verteidigung

Stärke der Armee:	29.000 Soldaten Wehrpflichtarmee
Anteil des Militäretats am BIP:	3,8 %
Atommacht:	Nein

Heer:

25.000	Soldaten
40	Kampfpanzer
1.214	Schützenpanzer
185	Artilleriegeschütze

Luftwaffe:

4.000	Soldaten
46	Kampfflugzeuge
26	Transportflugzeuge
18	Hubschrauber

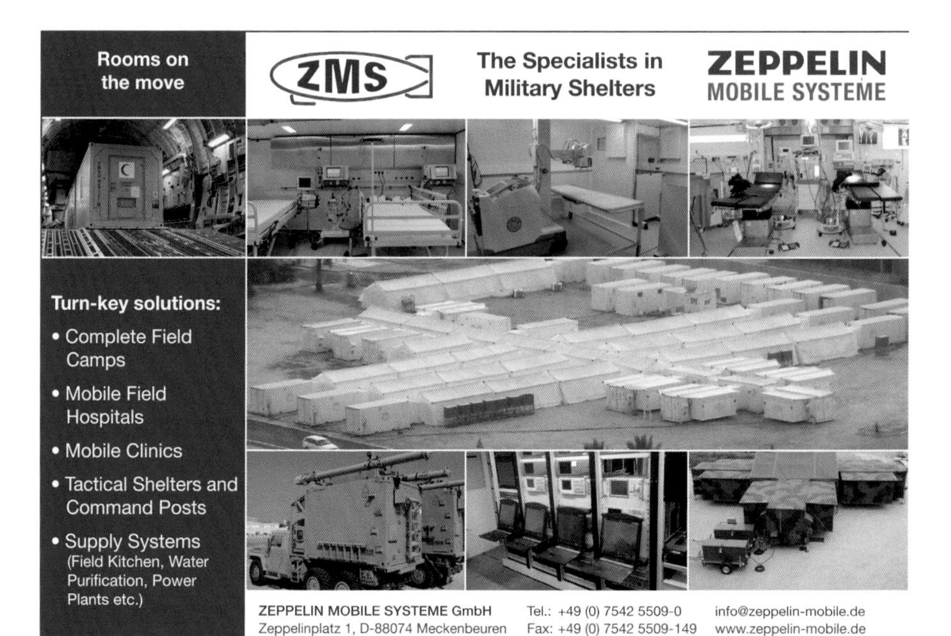

Slowakische Republik

Verteidigungsattaché
Oberst Alexander Sidorják (Heer)

Botschaft der Slowakischen Republik
Friedrichstraße 60, 10117 Berlin
Tel: 030 – 88 92 62 00, Fax: 030 – 88 92 62 22

Hauptstadt:	Bratislava
Größe:	49.030 km²
Küstenlinie:	–
Staatsform:	Parlamentarische Demokratie
Staatsoberhaupt:	Präsident Ivan Gašparovič

Bevölkerung

Einwohner:	5.410.000
Religion:	Katholiken 62 %, religionslos 14 %, Evangelische Augsburger Kirche 8 %
Alphabetisierungsgrad:	Männer 99 %, Frauen 99 %
Durchschnittliche Lebenserwartung:	76 Jahre
Durchschnittsalter:	38 Jahre

Politik und Wirtschaft

Arbeitslosenquote:	14,0 %
Bruttoinlandsprodukt pro Kopf:	17.170 US-$
Hauptimporte:	Energie 13 %, Elektronik 13 %
Hauptimportpartner:	Deutschland 18 %, Tschechien 18 %, Russland 10 %
Hauptexporte:	Kfz 23 %, Elektronik 17 %
Hauptexportpartner:	Deutschland 21 %, Tschechien 14 %, Großbritannien 8 %
Unterzeichner der Menschenrechtscharta der UNO:	Ja
Unterzeichner des Atomwaffensperrvertrages:	Ja
Todesstrafe:	Nein

Verteidigung

Stärke der Armee:	15.850 Soldaten, Berufsarmee
Anteil des Militäretats am BIP:	1,1 %
Atommacht:	Nein

Heer:
6.250 Soldaten

30	Kampfpanzer
340	Schützenpanzer
68	Artilleriegeschütze

Luftwaffe:
3.950 Soldaten

20	Kampfflugzeuge
9	Transportflugzeuge
36	Hubschrauber

Republik Slowenien

Verteidigungsattaché Oberst i.G. Zlatko Vehovar

Botschaft der Republik Slowenien
Hausvogteiplatz 3 - 4, 10117 Berlin
Tel: 030-2 06 14 50, Fax: 030-20 61 45 70

Hauptstadt:	Ljubljana
Größe:	20.273 km^2
Küstenlinie:	46,6 km
Staatsform:	Republik
Staatsoberhaupt:	Präsident Dr. Danilo Türk

Bevölkerung

Einwohner:	2.058.000
Religion:	Katholiken 58 %, Muslime 2,4 %, Orthodoxe 2,3 %
Alphabetisierungsgrad:	Männer 99 %, Frauen 99 %
Durchschnittliche Lebenserwartung:	77 Jahre
Durchschnittsalter:	42 Jahre

Politik und Wirtschaft

Arbeitslosenquote:	8,9 %
Bruttoinlandsprodukt pro Kopf:	22.710 US-$
Hauptimporte:	chem. Erzeugnisse 14 %, Erdöl 12 %
Hauptimportpartner:	Deutschland 17 %, Italien 17 %, Österreich 11 %
Hauptexporte:	chem. Erzeugnisse 18 %, Maschinen 12 %
Hauptexportpartner:	Deutschland 20 %, Italien 12 %, Österreich 8 %
Unterzeichner der Menschenrechtscharta der UNO:	Ja
Unterzeichner des Atomwaffensperrvertrages:	Ja
Todesstrafe:	Nein

Verteidigung

Stärke der Armee:	7.600 Soldaten, Berufsarmee
Anteil des Militäretats am BIP:	1,7 %
Atommacht:	Nein

Heer:
7.000 Soldaten, 45 Kampfpanzer,
125 Schützenpanzer, 74 Artilleriegeschütze

Luftwaffe:
530 Soldaten, 9 Kampfflugzeuge,
3 Transportflugzeuge, 16 Hubschrauber

Marine:
50 Soldaten, 2 Küstenschutzboote

Königreich Spanien

Verteidigungs-, Heeres- und Marineattaché
Oberst i.G. Manuel Saz Diaz (Heer)

Luftwaffen- und Stv. Verteidigungsattaché
Oberstleutnant i.G. José A. Guitiérrez Sevilla (Luftwaffe)

Botschaft des Königreichs Spanien
Lichtensteinallee 1, 10787 Berlin
Tel: 030-25 007 300 Fax: 030-254 007 703

Hauptstadt:	Madrid
Größe:	505.987 km²
Küstenlinie:	4.964 km
Staatsform:	Parlamentarische Monarchie
Staatsoberhaupt:	König Juan Carlos I

Bevölkerung

Einwohner:	46.218.000
Religion:	Katholiken 91 %
Alphabetisierungsgrad:	Männer 99 %, Frauen 97 %
Lebenserwartung:	81 Jahre
Durchschnittsalter:	41 Jahre

Politik und Wirtschaft

Arbeitslosenquote:	25,0 %
Bruttoinlandsprodukt pro Kopf:	30.110 US-$
Hauptimporte:	Erdöl 19 %, chem. Erzeugnisse 14 %
Hauptimportpartner:	Deutschland 12 %, Frankreich 12 %, Italien 7 %
Hauptexporte:	Kfz 15 %, chem. Erzeugnisse 13 %
Hauptexportpartner:	Frankreich 17 %, Deutschland 11 %, Portugal 7 %
Unterzeichner der Menschenrechtscharta der UNO:	Ja
Unterzeichner des Atomwaffensperrvertrages:	Ja
Todesstrafe:	Nein

Verteidigung

Stärke der Armee:	135.500 Soldaten, Berufsarmee
Anteil des Militäretats am BIP:	1,2 %
Atommacht:	Nein

Heer:

70.800	Soldaten
324	Kampfpanzer
1.339	Schützenpanzer
1.895	Artilleriegeschütze
100	Hubschrauber

Marine:

22.200 Soldaten
(einschließlich 5.300 Marineinfanteristen)

3	U-Boote
1	Flugzeugträger
5	Zerstörer
6	Fregatten
24	Kampfflugzeuge
4	Transportflugzeuge
40	Hubschrauber
16	Kampfpanzer
35	Schützenpanzer
18	Artilleriegeschütze

Luftwaffe:

21.200	Soldaten
173	Kampfflugzeuge
92	Transportflugzeuge
46	Hubschrauber

Spanisches Kampfflugzeug F/A-18 Foto: McDonnell Douglas

Republik Südafrika
Verteidigungsattaché (vakant)

Botschaft der Republik Südafrika
Tiergartenstraße 18, 10785 Berlin
Tel: 030-22 07 30, Fax: 030-22 07 31 90

Hauptstadt:	Pretoria
Größe:	1.219.090 km²
Küstenlinie:	2.798 km
Staatsform:	Parlamentarische Demokratie
Staatsoberhaupt:	Präsident Jacob Zuma
Bevölkerung	
Einwohner:	51.189.000
Religion:	Christen 81 %, Muslime 1,5 %, Hindus 1,3 %
Alphabetisierungsgrad:	Männer 87 %, Frauen 86 %
Durchschnittliche Lebenserwartung:	49 Jahre
Durchschnittsalter:	25 Jahre
Politik und Wirtschaft	
Arbeitslosenquote:	k. A.
Bruttoinlandsprodukt pro Kopf:	7.610 US-$
Hauptimporte:	Erdöl 22 %, Maschinen 13 %
Hauptimportpartner:	VR China 14 %, Deutschland 10 %, Saudi-Arabien 8 %
Hauptexporte:	Rohstoffe 19 %, Nichtedelmetalle 12 %
Hauptexportpartner:	VR China 12 %, USA 9 %, Japan 6 %
Unterzeichner der Menschenrechtscharta der UNO:	Nein
Unterzeichner des Atomwaffensperrvertrages:	Ja
Todesstrafe:	Nein
Verteidigung	
Stärke der Armee:	62.100 Soldaten, Berufsarmee
Anteil des Militäretats am BIP:	1,7 %
Atommacht:	Nein

Heer:

37.150	Soldaten
34	Kampfpanzer
616	Schützenpanzer
1.255	Artilleriegeschütze

Luftwaffe:

10.650	Soldaten
50	Kampfflugzeuge
53	Transportflugzeuge
91	Hubschrauber

Marine:

6.250	Soldaten
3	U-Boote
4	Fregatten
6	Küstenschutzboote
2	Minenabwehrboote

Promotion

Alles aus einer Hand – vom perfekten Schiff über lebenslangen Service bis hin zu weltweiten Ersatzteil-Lieferungen.

Die Familie Lürßen führt in vierter Generation seit über 135 Jahren erfolgreich die Lürssen Werft. Das Unternehmen verfügt über langjährige Erfahrungen und einzigartiges Know-how im Bau von individuellen Schiffslösungen in höchster Qualität für jede Herausforderung.

Das Leistungsspektrum der Lürssen Werft umfasst Küsten- und Schnellboote, Offshore Patrol Vessels (OPV's), Korvetten, Fregatten, Minensucher und Minenjäger sowie Versorgungsschiffe. Zudem bietet Lürssen den kompletten Service rund um das Schiff – Ausbildung von Crews und Wartungsteams im Lürssen Training Center, Reparaturen, Überholungen und Modernisierungen von Schiffen, weltweit schnelle Versorgung mit Ersatzteilen, die komplette Dokumentation sämtlicher Schiffssysteme sowie Unterstützung beim Aufbau maritimer Infrastruktur im Land des Kunden.

Kurzum: Lürssen steht für Leistungsfähigkeit, Qualität, Sicherheit und Planbarkeit.

Kontaktdaten: Fr. Lürssen Werft GmbH & Co.KG
Zum Alten Speicher 11, D-28759 Bremen
Tel: +49 (0) 421/ 6604-344, Fax: +49 (0) 421/ 6604-563
E-Mail: defence@luerssen.de, www.luerssen-defence.com

Republik Korea
Verteidigungsattaché Oberstleutnant i.G. Tae Choon Park (Heer)

Stv. Verteidigungsattaché Oberstleutnant Kyung Min Lee (Heer)

Botschaft der Republik Korea
Stülerstraße 10, 10787 Berlin
Tel: 030-26 06 50, Fax: 030-2 60 65 51

Hauptstadt:	Seoul
Größe:	99.720 km^2
Küstenlinie:	2.414 km
Staatsform:	Präsidialrepublik
Staatsoberhaupt:	Präsidentin Park Guen-hye

Bevölkerung

Einwohner:	50.004.000
Religion:	religionslos 45 %, Christen 29 %, Buddhisten 23 %
Alphabetisierungsgrad:	Männer 99 %, Frauen 97 %
Durchschnittliche Lebenserwartung:	79 Jahre
Durchschnittsalter:	38 Jahre

Politik und Wirtschaft

Arbeitslosenquote:	3,3 %
Bruttoinlandsprodukt pro Kopf:	22.670 US-$
Hauptimporte:	Erdöl 26 %, Elektronik 9 %
Hauptimportpartner:	VR China 16 %, Japan 12 %, USA 8 %
Hauptexporte:	Elektrotechnik 16 %, Kfz 13 %
Hauptexportpartner:	VR China 31 %, USA 11 %, Japan 7 %
Unterzeichner der Menschenrechtscharta der UNO:	Ja
Unterzeichner des Atomwaffensperrvertrages:	Ja
Todesstrafe:	Ja

Verteidigung

Stärke der Armee:	655.000 Soldaten, Wehrpflichtarmee
Dauer des Wehrdienstes:	2 Jahre, zur Voraussetzung für die Einberufung gehört eine mittlere Schulbildung
Anteil des Militäretats am BIP:	2,7 %
Atommacht:	Nein

Heer:

522.000	Soldaten
2.414	Kampfpanzer
3.030	Schützenpanzer
11.038	Artilleriegeschütze
457	Hubschrauber

Luftwaffe:

65.000	Soldaten
569	Kampfflugzeuge
33	Transportflugzeuge
49	Hubschrauber

Marine:

68.000 Soldaten
(einschließlich 27.000 Marineinfanteristen)

23	U-Boote
2	Kreuzer
6	Zerstörer
12	Fregatten
34	Korvetten
80	Küstenschutzboote
10	Minenabwehrboote
8	Kampfflugzeuge
5	Transportflugzeuge
42	Hubschrauber
100	Kampfpanzer

Südkoreanischer Zerstörer "Dae Jo Yeong" (DDH 997) Foto: U.S. Navy/Quinlan

Vereinigte Republik Tansania

Verteidigungsattaché
Oberst Pellegreen Mrope (Heer)

Botschaft der Vereinigten Republik Tansania
Eschenallee 11, 14050 Berlin
Tel.: 030-30 30 80 0, Fax: 030-30 30 80 20
Dienstsitz: London

Hauptstadt:	Dodoma
Größe:	947.300 km²
Küstenlinie:	1.424 km
Staatsform:	Republik
Staatsoberhaupt:	Präsident Jakaya Mrisho Kikwete

Bevölkerung

Einwohner:	47.783.000
Religion:	Muslime 35 %, Christen 35 %
Alphabetisierungsgrad:	Männer 78 %, Frauen 62 %
Durchschnittliche Lebenserwartung:	53 Jahre
Durchschnittsalter:	19 Jahre

Politik und Wirtschaft

Arbeitslosenquote:	k. A.
Bruttoinlandsprodukt pro Kopf:	5700 US-$
Importe:	11,2 Mrd. US-$
Hauptimportpartner:	Indien 14 %, VAE 11 %, Schweiz 10 %
Exporte:	4,7 Mrd. US-$
Hauptexportpartner:	Schweiz 19 %, Südafrika 18 %, VR China 14 %
Unterzeichner der Menschenrechtscharta der UNO:	Ja
Unterzeichner des Atomwaffensperrvertrages:	Nein
Todesstrafe:	Ja

Verteidigung

Stärke der Armee:	27.000 Soldaten, Berufsarmee
Anteil des Militäretats am BIP:	0,9 %
Atommacht:	Nein

Heer:
23.000 Soldaten, 100 Kampfpanzer,
24 Schützenpanzer, 378 Artilleriegeschütze

Luftwaffe:
3.000 Soldaten, 22 Kampfflugzeuge,
12 Transportflugzeuge, 3 Hubschrauber

Marine:
1.000 Soldaten, 8 Küstenschutzboote

AeroMission – effiziente Missionsführung

Aerodata's Missions-Managementsystem für Flugzeuge und Helikopter unterstützt den effizienten Einsatz von Überwachungs- und Rettungsflügen im Bereich der

- Polizeilichen Aufgaben
- Grenzüberwachung
- Seeüberwachung und Seenotrettung
- Fischereikontrolle
- Umweltüberwachung

Courtesy of German Federal Police

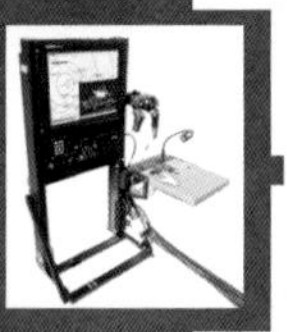

AeroPhone+®
Die neue Iridium Satcom Familie

AeroPhone+® – Aerodata's erweitertes Satcom System ermöglicht eine weltweite Daten- und Sprachkommunikation unter Verwendung des Iridium-Satellitennetzwerks.

Das AeroPhone+® bietet:

- Gleichzeitige Sprach- und Datenübertragung
- Schnittstellen zur Luftfahrzeug-Avionik, Intercom
- Schnittstellen für Bluetooth- und WLAN Anwendungen
- Integriertes GPS-Empfangsmodul für Tracking und Flottenmanagement

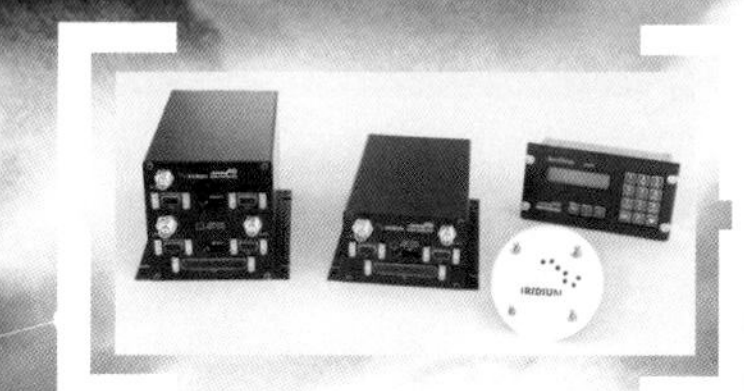

Aerodata AG ▪ Hermann-Blenk-Straße 34 - 36
D-38108 Braunschweig ▪ Germany
Fon +49 531 - 23 59 0 ▪ Fax +49 531 - 23 59 158
mail@aerodata.de ▪ www.aerodata.de

Königreich Thailand

Verteidigungs- und Luftwaffenattaché
Oberst i.G. Pongsawat Jantasarn (Luftwaffe)

Heeres- und Stv. Verteidigungsattaché Oberst i.G. Paritat Trikalnon (Heer)
Marine- und Stv. Verteidigungsattaché Kapitän zur See Soonpuen Somapee (Marine)

Botschaft des Königreichs Thailand
Lepsiusstraße 64 - 66, 12163 Berlin
Tel: 030-79 48 10, Fax: 030-79 48 15 11

Hauptstadt:	Bangkok
Größe:	513.115 km^2
Küstenlinie:	3.220 km
Staatsform:	Parlamentarische Monarchie
Staatsoberhaupt:	König Bhumibol Adulyadej

Bevölkerung

Einwohner:	66.785.000
Religion:	Buddhisten 94 %, Muslime 5 %, Christen 1 %
Alphabetisierungsgrad:	Männer 95 %, Frauen 91 %
Durchschnittliche Lebenserwartung:	74 Jahre
Durchschnittsalter:	34 Jahre

Politik und Wirtschaft

Arbeitslosenquote:	0,7 %
Bruttoinlandsprodukt pro Kopf:	5.210 US-$
Hauptimporte:	Erdöl 16 %, Maschinen 12 %
Hauptimportpartner:	Japan 20 %, VR China 15 %, VAE 6 %
Hauptexporte:	Elektronik 16 %, Nahrungsmittel 13 %
Hauptexportpartner:	VR China 17 %, Japan 10 %, USA 10 %
Unterzeichner der Menschenrechtscharta der UNO:	Nein
Unterzeichner des Atomwaffensperrvertrages:	Ja
Todesstrafe:	Ja

Verteidigung

Stärke der Armee:	360.850 Soldaten, Wehrpflichtarmee
Dauer des Wehrdienstes:	2 Jahre
Anteil des Militäretats am BIP:	1,8 %
Atommacht:	Nein

Heer:

245.000 Soldaten
477 Kampfpanzer
1.292 Schützenpanzer
2.555 Artilleriegeschütze
19 Transportflugzeuge
265 Hubschrauber

Luftwaffe:

46.000 Soldaten
163 Kampfflugzeuge
59 Transportflugzeuge
34 Hubschrauber

Marine:

69.850 Soldaten
(einschließlich 23.000 Marineinfanteristen)
1 Flugzeugträger
10 Fregatten
7 Korvetten
77 Küstenschutzboote
17 Minenabwehrboote
3 Kampfflugzeuge
12 Transportflugzeuge
21 Hubschrauber
24 Schützenpanzer
48 Artilleriegeschütze

Thailändische Marineinfanteristen beim Manöver "Cobra Gold" Foto: U.S. Marine Corps/Underwood

Tschechische Republik

Verteidigungsattaché
Brigadegeneral Ing. Pavel Rybák (Heer)

Botschaft der Tschechischen Republik
Wilhelmstraße 44, 10117 Berlin
Tel: 030-22 63 80, Fax: 030-2 29 40 33

Hauptstadt:	Prag
Größe:	78.866 km²
Küstenlinie:	–
Staatsform:	Republik
Staatsoberhaupt:	Präsident Miloš Zeman

Bevölkerung

Einwohner:	10.515.000
Religion:	konfessionslos 59 %, Katholiken 27 %
Alphabetisierungsgrad:	Männer 99 %, Frauen 99 %
Durchschnittliche Lebenserwartung:	77 Jahre
Durchschnittsalter:	41 Jahre

Politik und Wirtschaft

Arbeitslosenquote:	7,0 %
Bruttoinlandsprodukt pro Kopf:	18.130 US-$
Hauptimporte:	Elektronik 12 %, chem. Erzeugnisse 11 %
Hauptimportpartner:	Deutschland 25 %, VR China 11 %, Polen 7 %
Hauptexporte:	Kfz 17 %, Elektronik 15 %
Hauptexportpartner:	Deutschland 31 %, Slowakei 9 %, Polen 6 %
Unterzeichner der Menschenrechtscharta der UNO:	Ja
Unterzeichner des Atomwaffensperrvertrages:	Ja
Todesstrafe:	Nein

Verteidigung

Stärke der Armee:	23.650 Soldaten, Berufsarmee
Anteil des Militäretats am BIP:	1,0 %
Atommacht:	Nein

Heer:

14.000	Soldaten
40	Kampfpanzer
565	Schützenpanzer
105	Artilleriegeschütze

Luftwaffe:

4.800	Soldaten
47	Kampfflugzeuge
17	Transportflugzeuge
62	Hubschrauber

Tschechischer Transporthubschrauber Mi-17 Foto: U.S. Air Force/Hilinski

Tunesische Republik

Verteidigungsattaché Colonel Major i.G. Mouldi Helal (Heer)

Stv. Verteidigungsattaché Fregattenkapitän Sofiene Ben Nejma (Marine)

Botschaft der Tunesischen Republik
Lindenallee 16, 14050 Berlin
Tel: 030-3 64 10 70, Fax: 030-30 82 06 83

Hauptstadt:	Tunis
Größe:	163.610 km²
Küstenlinie:	1.148 km
Staatsform:	Übergangsregierung
Staatsoberhaupt:	Übergangspräsident Moncef Marzouki

Bevölkerung

Einwohner:	10.778.000
Religion:	Muslime 99 %
Alphabetisierungsgrad:	Männer 83 %, Frauen 65 %
Durchschnittliche Lebenserwartung:	75 Jahre
Durchschnittsalter:	30 Jahre

Politik und Wirtschaft

Arbeitslosenquote:	18,9 %
Bruttoinlandsprodukt pro Kopf:	4.150 US-$
Hauptimporte:	Industriegüter 42 %, Energie 14 %
Hauptimportpartner:	Frankreich 18 %, Italien 16 %, Deutschland 7 %
Hauptexporte:	Industriegüter 37 %, Textilien 25 %
Hauptexportpartner:	Frankreich 31 %, Italien 22 %, Deutschland 9 %
Unterzeichner der Menschenrechtscharta der UNO:	Ja
Unterzeichner des Atomwaffensperrvertrages:	Ja
Todesstrafe:	Nein

Verteidigung

Stärke der Armee:	35.800 Soldaten, Wehrpflichtarmee
Dauer des Wehrdienstes:	1 Jahr
Anteil des Militäretats am BIP:	1,5 %
Atommacht:	Nein

Heer:
27.000 Soldaten, 132 Kampfpanzer
328 Schützenpanzer, 276 Artilleriegeschütze

Marine:
4.800 Soldaten, 25 Küstenschutzboote

Luftwaffe:
4.000 Soldaten, 24 Kampfflugzeuge,
17 Transportflugzeuge, 54 Hubschrauber

EUROPE'S EVENTS SECURITY and DEFENCE

Main Speakers 2014

SECURITY: POLICE

17th EUROPEAN POLICE CONGRESS

Berlin, 18/19 Feb 2014

www.european-police.eu

Dr. Thomas de Maizière, Federal Minister of the Interior, Berlin

Troels Oerting, Assistant Director, Head of European Cybercrime Centre (EC3), Europol

Stefan Feller, Police Adviser and Director Police Division, United Nations, New York

---

SECURITY: DISASTER MANAGEMENT

10th EUROPEAN CONGRESS ON CIVIL PROTECTION

Bonn, 9/10 Sept 2014

www.civil-protection.com

Main Speakers 2013

Almuth Hartwig-Tiedt, Ministry of Environment, Health and Consumer Protection, Brandenburg

Ralf Jäger, Minister of the Interior of the Federal State of North Rhine-Westphalia

Dr. Florika Fink-Hooijer, DG Humanitarian Aid and Civil Protection (ECHO), European Commission

---

SECURITY AND DEFENCE: BSC

BERLIN SECURITY CONFERENCE 2014 – 13th CONGRESS ON EUROPEAN SECURITY AND DEFENCE

Berlin, 2/3 Dec 2014

www.euro-defence.eu

Main Speakers 2013

Dr. Andrew Murrison, MP, Minister for International Security Strategy, Ministry of Defence, United Kingdom

General Patrick de Rousiers, Chairman, EU Military Committee

Igor Morgulov, Deputy Foreign Minister of the Russian Federation

Information:
Helga Woll
Behörden Spiegel Office Bonn
Friedrich-Ebert-Allee 57, D 53113 Bonn
Tel/Fax: +49 228 97 09 70
E-Mail: helga.woll@behoerdenspiegel.de

organized by Behörden Spiegel

www.behoerdenspiegel.de

© 2014 by ProPress Publishing Group Bonn/Berlin
ProPress Publishing Group is the holding of the trade mark BEHOERDEN SPIEGEL.

Republik Türkei

Verteidigungs- und Heeresattaché Oberst i.G. Ayhan Dagli (Heer)

Marineattaché Kapitän zur See Mete Atay (Marine)
Luftwaffenattaché Oberstleutnant i.G. Ismail Kurt (Luftwaffe)

Botschaft der Republik Türkei
Rungestraße 9, 10179 Berlin
Tel: 030-27 58 50, Fax: 030-27 59 09 15

Hauptstadt:	Ankara
Größe:	814.578 km²
Küstenlinie:	7.200 km
Staatsform:	Republik
Staatsoberhaupt:	Präsident Abdullah Gül

Bevölkerung

Einwohner:	73.997.000
Religion:	Sunniten 70 %, Aleviten 20 %
Alphabetisierungsgrad:	Männer 95 %, Frauen 80 %
Durchschnittliche Lebenserwartung:	73 Jahre
Durchschnittsalter:	29 Jahre

Politik und Wirtschaft

Arbeitslosenquote:	8,1 %
Bruttoinlandsprodukt pro Kopf:	10.830 US-$
Hauptimporte:	chem. Erzeugnisse 12 %, Maschinen 11 %
Hauptimportpartner:	Russland 11 %, Deutschland 9 %, VR China 9 %
Hauptexporte:	Textilien 17 %, Kfz 10 %
Hauptexportpartner:	Deutschland 9 %, Iran 7 %, Großbritannien 6 %
Unterzeichner der Menschenrechtscharta der UNO:	Nein
Unterzeichner des Atomwaffensperrvertrages:	Ja
Todesstrafe:	Nein

Verteidigung

Stärke der Armee:	510.600 Soldaten, Wehrpflichtarmee
Dauer des Wehrdienstes:	15 Monate
Anteil des Militäretats am BIP:	5,3 %
Atommacht:	Nein

Heer:

402.000	Soldaten
2.494	Kampfpanzer
4.613	Schützenpanzer
7.807	Artilleriegeschütze
38	Transportflugzeuge
292	Hubschrauber

Marine:

48.600	Soldaten
14	U-Boote
18	Fregatten
6	Korvetten
54	Küstenschutzboote
28	Minenabwehrboote
5	Transportflugzeuge
29	Hubschrauber

Luftwaffe:

60.000	Soldaten
354	Kampfflugzeuge
86	Transportflugzeuge
40	Hubschrauber

Kunstflugstaffel "Türk Yildizlari" der türkischen Luftwaffe Foto: Portugall

Ukraine

Verteidigungsattaché
Oberst i.G. Oleksandr Borevych (Luftwaffe)

Heeres- und Stv. Verteidigungsattaché Oberstleutnant i.G. Serhii Samoilenko (Heer)
Luftwaffen-, Marineattaché und Stv. Verteidigungsattaché
Oberst i.G. Dr. Yurii Serbenko (Luftwaffe)

Botschaft der Ukraine
Albrechtstraße 26, 10117 Berlin
Tel: 030-28 88 70, Fax: 030-28 88 71 63

Hauptstadt:	Kiew
Größe:	603.700 km²
Küstenlinie:	2.783 km
Staatsform:	Präsidialrepublik
Staatsoberhaupt:	Präsident Viktor Janukowytsch
Bevölkerung	
Einwohner:	45.593.000
Religion:	Orthodoxe 52 %, Griechisch-Katholische 9 %, Muslime 4 %
Alphabetisierungsgrad:	Männer 99 %, Frauen 99 %
Durchschnittliche Lebenserwartung:	69 Jahre
Durchschnittsalter:	40 Jahre
Politik und Wirtschaft	
AArbeitslosenquote:	k. A.
Bruttoinlandsprodukt pro Kopf:	3.500 US-$
Hauptimporte:	chem. Erzeugnisse 13 %, Erdöl 11 %
Hauptimportpartner:	Russland 32 %, VR China 9 %, Deutschland 8 %
Hauptexporte:	Eisen u. Stahl 25 %, Nahrungsmittel 17 %
Hauptexportpartner:	Russland 25 %, Schweiz 24 %, Großbritannien 5 %
Unterzeichner der Menschenrechtscharta der UNO:	Ja
Unterzeichner des Atomwaffensperrvertrages:	Ja
Todesstrafe:	Nein
Verteidigung	
Stärke der Armee:	129.950 Soldaten, Wehrpflichtarmee
Dauer des Wehrdienstes:	12 Monate für Heer und Luftwaffe, 18 Monate für die Marine
Anteil des Militäretats am BIP:	1,6 %
Atommacht:	Nein

Heer:

70.750 Soldaten
1.110 Kampfpanzer
5.060 Schützenpanzer
3.351 Artilleriegeschütze
177 Hubschrauber

Luftwaffe:

45.250 Soldaten
211 Kampfflugzeuge
46 Transportflugzeuge
43 Hubschrauber

Marine:

13.950 Soldaten
(einschließlich 3.000 Marineinfanteristen)
1 U-Boot
1 Fregatte
3 Korvetten
7 Küstenschutzboote
5 Minenabwehrboote
10 Kampfflugzeuge
16 Transportflugzeuge
77 Hubschrauber
40 Kampfpanzer
175 Schützenpanzer
90 Artilleriegeschütze

Ukrainischer Kampfhubschrauber Mi-24 "Hind" der UN-Truppe MONUSCU in der DR Kongo

Foto: Ukrainian Ministry of Defence

Republik Ungarn

Verteidigungs-, Heeres- und Luftwaffenattaché Oberst i.G. Géza Koronczai (Heer)

Stv. Verteidigungsattaché Oberstleutnant i.G. Viktor Nagy (Heer)

Botschaft der Republik Ungarn
Unter den Linden 76, 10117 Berlin
Tel: 030-20 31 00, Fax: 030-20 31 01 05

Hauptstadt:	Budapest
Größe:	93.030 km²
Küstenlinie:	–
Staatsform:	Parlemantischer Demokratie
Staatsoberhaupt:	Präsident Dr. Pál Schmitt

Bevölkerung

Einwohner:	9.944.000
Religion:	Katholiken 55 %, Calvinisten 16 %, konfessionslos 15 %
Alphabetisierungsgrad:	Männer 99 %, Frauen 99%
Lebenserwartung:	75 Jahre
Durschnittsalter:	40 Jahre

Politik und Wirtschaft

Arbeitslosenquote:	10,9 %
Bruttoinlandsprodukt pro Kopf:	12.390 US-$
Hauptimporte:	Elektronik 16 %, Energie 13 %
Hauptimportpartner:	Deutschland 25 %, Russland 9 %, VR China 7 %
Hauptexporte:	Elektronik 17 %, Maschinen 15 %
Hauptexportpartner:	Deutschland 25 %, Rumänien 6 %, Slowakei 6 %
Unterzeichner der Menschenrechtscharta der UNO:	Ja
Unterzeichner des Atomwaffensperrvertrages:	Ja
Todesstrafe:	Nein

Verteidigung

Stärke der Armee:	26.500 Soldaten, Berufsarmee
Anteil des Militäretats am BIP:	1,8 %
Atommacht:	Nein

Heer:

10.300 Soldaten
30 Kampfpanzer
404 Schützenpanzer
68 Artilleriegeschütze

Luftwaffe:

5.900 Soldaten
14 Kampfflugzeuge
4 Transportflugzeuge
28 Hubschrauber

Ungarische Kampfflugzeuge von Typ JAS "Gripen" Foto: Ministry of Defence

Republik Östlich des Uruguay

Verteidigungsattaché
Kapitän zur See Ricardo Della Santa López (Marine)

Botschaft der Republik Östlich des Uruguay
Budapester Straße 39, 10787 Berlin
Tel: 030-2 63 90 16, Fax: 030-26 39 01 70

Hauptstadt:	Montevideo
Größe:	176.215 km^2
Küstenlinie:	660 km
Staatsform:	Präsidialrepublik
Staatsoberhaupt:	Präsident José Alberto Mujica Cordano

Bevölkerung

Einwohner:	3.395.000
Religion:	Katholiken 75 %
Alphabetisierungsgrad:	Männer 98 %, Frauen 98 %
Durchschnittliche Lebenserwartung:	76 Jahre
Durchschnittsalter:	34 Jahre

Politik und Wirtschaft

Arbeitslosenquote:	6,1 %
Bruttoinlandsprodukt pro Kopf:	13.510 US-$
Hauptimporte:	Industriegüter 29 %, Erdöl 19 %
Hauptimportpartner:	Brasilien 20 %, Argentinien 19 %, VR China 14 %
Hauptexporte:	Fleisch 29 %, Getreide 10 %
Hauptexportpartner:	Brasilien 20 %, Argentinien 7 %, VR China 7 %
Unterzeichner der Menschenrechtscharta der UNO:	Ja
Unterzeichner des Atomwaffensperrvertrages:	Ja
Todesstrafe:	Nein

Verteidigung

Stärke der Armee:	24.650 Soldaten, Berufsarmee
Anteil des Militäretats am BIP:	0,9 %
Atommacht:	Nein

Heer:

16.250 Soldaten
53 Kampfpanzer
304 Schützenpanzer
185 Artilleriegeschütze

Luftwaffe:

3.000 Soldaten
15 Kampfflugzeuge
21 Transportflugzeuge
11 Hubschrauber

Marine:

5.400 Soldaten
2 Fregatten
30 Küstenschutzboote
3 Minenabwehrboote
1 Kampfflugzeug
8 Hubschrauber

Uruguayische Fregatte "Montevideo" Foto: Navy/Amartnant

Vereinigte Staaten von Amerika

Verteidigungsattaché
Oberst i.G. Gregory J. Broecker (Heer)

Heeresattaché Oberst i.G. Charles Davis (Heer)
Stv. Heeresattaché Oberstleutnant i.G. Peter J.Rowell (Heer)
Stv. Luftwaffenattaché Major i.G. Joseph Silver (Luftwaffe)
Marineattaché Kapitän zur See William H. Suggs (Marine)
Stv. Marineattaché -*Korvettenkapitän Mark E. Wright (Marine)

Botschaft der Vereinigten Staaten von Amerika
Pariser Platz 2, 14191 Berlin (Postleitzahl für den Postverkehr)
Tel: 030-83 05 0, Fax: 030-83 05 25 10

Hauptstadt:	Washington DC
Größe:	9.826.675 km²
Küstenlinie:	19.924 km
Staatsform:	Präsidiale Bundesrepublik
Staatsoberhaupt:	Präsident Barack Obama

Bevölkerung

Einwohner:	313.914.000
Religion:	Christen 76 % (u.a. Katholiken 33 %, Baptisten 21 %), Juden 1,2 %
Alphabetisierungsgrad:	Männer 99 %, Frauen 99 %
Durchschnittliche Lebenserwartung:	78 Jahre
Durchschnittsalter:	37 Jahre

Politik und Wirtschaft

Arbeitslosenquote:	8,1 %
Bruttoinlandsprodukt pro Kopf:	50.120 US-$
Hauptimporte:	Rohstoffe 32 %, Kapitalgüter 24 %
Hauptimportpartner:	VR China 19 %, Kanada 14 %, Mexiko 12 %
Hauptexporte:	Kapitalgüter 34 %, Rohstoffe 32 %
Hauptexportpartner:	Kanada 19 %, Mexiko 14 %, VR China 7 %
Unterzeichner der Menschenrechtscharta der UNO:	Ja
Unterzeichner des Atomwaffensperrvertrages:	Ja
Todesstrafe:	Ja

Verteidigung

Stärke der Armee:	1.520.100 Soldaten, Berufsarmee
Anteil des Militäretats am BIP:	4,6 %
Atommacht:	Ja

Nuklear-strategische Kräfte:

14	U-Boote mit ballistischen Raketen
91	Bomber
450	Interkontinentalraketen
Ca. 7.700	Sprengköpfe

Heer:

600.450	Soldaten
2.338	Kampfpanzer
30.365	Schützenpanzer
6.477	Artilleriegeschütze
196	Transportflugzeuge
4.226	Hubschrauber

Marine:

333.248	Soldaten
58	U-Boote
11	Flugzeugträger
22	Kreuzer
62	Zerstörer
17	Fregatten
41	Küstenschutzboote
964	Kampfflugzeuge
92	Transportflugzeuge
710	Hubschrauber

Marineinfanterie:

199.550	Soldaten
447	Kampfpanzer
4.311	Schützenpanzer
1.506	Artilleriegeschütze
380	Kampfflugzeuge
19	Transportflugzeuge
573	Hubschrauber

Luftwaffe:

346.100	Soldaten
1.430	Kampfflugzeuge
431	Transportflugzeuge
143	Hubschrauber

Amerikanische Drohne vom Typ MQ-9 "Reaper" Foto: Portugall

Bolivarische Republik Venezuela

Verteidigungsattaché (vakant)

Botschaft der Bolivarischen Republik Venezuela
Schillstraße 10, 10785 Berlin
Tel.: 030-83 22 40 0, Fax: 030-83 22 40 20

Hauptstadt:	Caracas
Größe:	912.050 km²
Küstenlinie:	2.800 km
Staatsform:	Präsidiale Bundesrepublik
Staatsoberhaupt:	Nicolás Maduro Moros

Bevölkerung

Einwohner:	29.955.000
Religion:	Katholiken 91 %
Alphabetisierungsgrad:	Männer 76 %, Frauen 82 %
Durchschnittliche Lebenserwartung:	77 Jahre
Durchschnittsalter:	30 Jahre

Politik und Wirtschaft

Arbeitslosenquote:	7,8 %
Bruttoinlandsprodukt pro Kopf:	12.470 US-$
Hauptimporte:	chem. Erzeugnisse 23 %, Maschinen 21 %
Hauptimportpartner:	USA 26 %, VR China 17 %, Brasilien 9 %
Hauptexporte:	Erdöl 97 %
Hauptexportpartner:	USA 24 %, VR China 17 %, Kolumbien 12 %
Unterzeichner der Menschenrechtscharta der UNO:	Nein
Unterzeichner des Atomwaffensperrvertrages:	Ja
Todesstrafe:	Ja

Verteidigung

Stärke der Armee:	115.000 Soldaten, Berufsarmee
Anteil des Militäretats am BIP:	0,7 %
Atommacht:	Nein

Heer:
63.000 Soldaten, 282 Kampfpanzer
681 Schützenpanzer, 515 Artilleriegeschütze,
28 Transportflugzeuge, 52 Hubschrauber

Marine:
17.500 Soldaten, 2 U-Boote, 6 Fregatten,
10 Küstenschutzboote, 3 Kampfflugzeuge,
7 Transportflugzeuge, 19 Hubschrauber

Luftwaffe:
11.500 Soldaten, 99 Kampfflugzeuge,
66 Transportflugzeuge, 23 Hubschrauber

Vereinigte Arabische Emirate

Verteidigungsattaché Brigadegeneral Essa R. Al Ali (Luftwaffe)

Stv. Verteidigungsattaché Oberstleutnant i. G. Mohammed Rashed Al Neaimi (Heer)

Botschaft der Vereinigten Arabischen Emirate
Hiroshimastraße 18 – 20, 10785 Berlin
Tel: 030-51 65 16, Fax: 030-51 65 19 00

Hauptstadt:	Abu Dhabi
Größe:	83.600 km²
Küstenlinie:	1.319 km
Staatsform:	Föderation autonomer Emirate
Staatsoberhaupt:	Präsident Scheich Khalifa bin Zayed Al Nahyan

Bevölkerung

Einwohner:	9.206.000
Religion:	Sunniten 80 %, Schiiten 16 %, Christen 3 %
Alphabetisierungsgrad:	Männer 76 %, Frauen 82 %
Durchschnittliche Lebenserwartung:	77 Jahre
Durchschnittsalter:	30 Jahre

Politik und Wirtschaft

Arbeitslosenquote:	k. A.
Bruttoinlandsprodukt pro Kopf:	36.040 US-$
Importe:	220 Mrd. US-$
Hauptimportpartner:	–
Exporte:	301 Mrd. US-$
Hauptexportpartner:	–
Unterzeichner der Menschenrechtscharta der UNO:	Nein
Unterzeichner des Atomwaffensperrvertrages:	Ja
Todesstrafe:	Ja

Verteidigung

Stärke der Armee:	51.000 Soldaten, Berufsarmee
Anteil des Militäretats am BIP:	6,4 %
Atommacht:	Nein

Heer:
44.000 Soldaten, 547 Kampfpanzer, 1.602 Schützenpanzer, 561 Artilleriegeschütze, 75 Hubschrauber

Marine:
2.500 Soldaten, 10 U-Boote, 5 Korvetten, 14 Küstenschutzboote, 2 Minenabwehrboote, 2 Transportflugzeuge, 18 Hubschrauber

Luftwaffe:
4.500 Soldaten, 193 Kampfflugzeuge, 49 Transportflugzeuge, 66 Hubschrauber

Sozialistische Republik Vietnam

Verteidigungsattaché
Oberst i.G. Ngoc Dai Trinh (Heer)

Stv. Verteidigungsattaché Oberst i.G. Hong Thai Truong (Heer)

Botschaft der Sozialistischen Republik Vietnam
Platanenallee 12a, 14050 Berlin
Tel: 030-42 02 35 93, Fax: 030-42 02 37 94

Hauptstadt:	Hanoi
Größe:	331.210 km²
Küstenlinie:	3.444 km
Staatsform:	Sozialistische Republik
Staatsoberhaupt:	Präsident Truong Tan Sang

Bevölkerung

Einwohner:	88.776.000
Religion:	Buddhisten 50 %, Christen 9 %, Hoa Hao 3 %
Alphabetisierungsgrad:	Männer 96 %, Frauen 92 %
Durchschnittliche Lebenserwartung::	72 Jahre
Durchschnittsalter:	28 Jahre

Politik und Wirtschaft

Arbeitslosenquote:	4,5 % (offiziell in Städten)
Bruttoinlandsprodukt pro Kopf:	1.400 US-$
Hauptimporte:	chem. Erzeugnisse 16 %, Maschinen 11 %
Hauptimportpartner:	VR China 25 %, Rep. Korea 14 %, Japan 10 %
Hauptexporte:	Nahrungsmittel 15 %, Textilien 13 %
Hauptexportpartner:	USA 17 %, Japan 14 %, VR China 8 %
Unterzeichner der Menschenrechtscharta der UNO:	Ja
Unterzeichner des Atomwaffensperrvertrages:	Ja
Todesstrafe:	Ja

Verteidigung

Stärke der Armee:	482.000 Soldaten, Wehrpflichtarmee
Dauer des Wehrdienstes:	2 Jahre für Heer und Luftwaffe, 3 Jahre für die Marine
Anteil des Militäretats am BIP:	2,5 %
Atommacht:	Nein

Heer:

412.000	Soldaten
1.935	Kampfpanzer
1.780	Schützenpanzer
3.040	Artilleriegeschütze

Luftwaffe:

30.000	Soldaten
97	Kampfflugzeuge
16	Transportflugzeuge
62	Hubschrauber

Marine:

40.000 Soldaten
(einschließlich 27.000 Marineinfanteristen)

2	U-Boote
2	Fregatten
6	Korvetten
60	Küstenschutzboote
13	Minenabwehrboote
14	Hubschrauber

Die vietnamesische Armee empfängt Besuch aus Kambodscha   Foto: Vietnamese Ministry of Defence

Republik Belarus

Verteidigungs-, Heeres- und Luftwaffenattaché Oberst i.G. Alexander Kolmakov (Heer)

Botschaft der Republik Belarus
Am Treptower Park 32 – 33, 12435 Berlin
Tel: 030-5 36 35 90, Fax: 030-53 63 59 23

Hauptstadt:	Minsk
Größe:	207.600 km²
Küstenlinie:	–
Staatsform:	Präsidialrepublik
Staatsoberhaupt:	Präsident Alexandr Grigorjewitsch Lukaschenko

Bevölkerung

Einwohner:	9.464.000
Religion:	Orthodoxe 60 %, Katholiken 8 %
Alphabetisierungsgrad:	Männer 99 %, Frauen 99 %
Durchschnittliche Lebenserwartung:	71 Jahre
Durchschnittsalter:	39 Jahre

Politik und Wirtschaft

Arbeitslosenquote:	0,6 % (inoffiziell bis zu 10 %)
Bruttoinlandsprodukt pro Kopf:	6.530 US-$
Importe gesamt:	31,9 Milliarden Euro
Hauptimporte:	Brennstoffe 39 %, Maschinen 16 %
Hauptimportpartner:	Russland 59 %, Deutschland 6 %, VR China 5 %
Hauptexporte:	Brennstoffe 36 %, chem. Erzeugnisse 17 %
Hauptexportpartner:	Russland 35 %, Niederlande 17 %, Ukraine 12 %
Unterzeichner der Menschenrechtscharta der UNO:	Ja
Unterzeichner des Atomwaffensperrvertrages:	Ja
Todesstrafe:	Ja

Verteidigung

Stärke der Armee:	48.000 Soldaten, Wehrpflichtarmee
Dauer des Wehrdienstes:	12-18 Monate (abhängig vom Bildungsgrad)
Anteil des Militäretats am BIP:	1,4 %
Atommacht:	Nein

Heer:

22.500	Soldaten
515	Kampfpanzer
1.375	Schützenpanzer
1.003	Artilleriegeschütze

Luftwaffe:

15.000	Soldaten
93	Kampfflugzeuge
13	Transportflugzeuge
237	Hubschrauber

Ehrenwache auf dem Siegesplatz der weißrussischen Hauptstadt Foto: belarusian/flickr

Bundesrepublik Deutschland

Hauptstadt:	Berlin
Größe:	357.112 km²
Küstenlinie:	2.389 km
Staatsform:	Bundesrepublik
Staatsoberhaupt:	Bundespräsident Joachim Gauck

Bevölkerung

Bevölkerung:	81.890.000 Einwohner
Religion:	Protestanten 29 %, Katholiken 29 %, Muslime 4 %
Alphabetisierungsgrad:	Männer 99 %, Frauen 99 %
Durchschnittliche Lebenserwartung:	80 Jahre
Durchschnittsalter:	45 Jahre

Politik und Wirtschaft

Arbeitslosenquote:	6,8 %
Bruttoinlandsprodukt pro Kopf:	44.010 US-$
Hauptimporte:	Erdöl 11 %, Elektronik 10 %
Hauptimportpartner:	Niederlande 10 %, VR China 8 %, Frankreich 7 %
Hauptexporte:	Kfz 17 %, Maschinen 14 %
Hauptexportpartner:	Frankreich 10 %, USA 8 %, Großbritannien 7 %
Unterzeichner der Menschenrechtscharta der UNO:	Ja
Unterzeichner des Atomwaffensperrvertrages:	Ja
Todesstrafe:	Nein

Verteidigung:

Stärke der Armee:	185.920 Soldaten, Berufsarmee
Anteil des Militäretats am BIP:	1,5 %
Atommacht:	Nein
Soldaten bei aktuellen Missionen der UNO:	181
Verluste insgesamt bei Missionen der UNO:	14

Militärische Stärke der Organisationsbereiche:

Bundesministerium der Verteidigung:	900 Soldaten
Streitkräftebasis:	44.950 Soldaten
Zentraler Sanitätsdienst:	19.540 Soldaten
Sonstige:	10.890 Soldaten

Heer:

62.640 Soldaten
322 Kampfpanzer
2.518 Schützenpanzer
272 Artilleriegeschütze
264 Hubschrauber

Marine:

16.040 Soldaten
4 U-Boote
13 Fregatten
5 Korvetten
8 Küstenschutzboote
18 Minenabwehrboote
8 Kampfflugzeuge
2 Transportflugzeuge
43 Hubschrauber

Luftwaffe:

30.970 Soldaten
209 Kampfflugzeuge
70 Transportflugzeuge
90 Hubschrauber

Infanterist der Zukunft Foto: Portugall

Adressen

Deutsche Militärattachés im Ausland

ÄGYPTEN
zugleich SUDAN

Verteidigungsattaché Oberst i.G. (H) Engelbert Theisen

Embassy of the Federal Republic of Germany
2 Sharia Berlin, off Hassan Sabri
CAIRO – ZAMALEK, EGYPT
Telefon: 00 20 2 2728 2000/1/2 (Zentrale), Telefax: 00 20 2 2728 2134 MilAttStab
E-Mail: mil-1@kair.auswaertiges-amt.de (VgAtt)

ÄTHIOPIEN
zugleich DSCHIBUTI, SÜDSUDAN

Verteidigungsattaché Oberst i.G.(Lw) Klaus-Peter Koschny

Embassy of the Federal Republic of Germany
Yeka-Kifle Ketema, Kebele 06
ADDIS ABEBA, ÄTHIOPIEN
Telefon: 00 251 11 123 51 39 (Zentrale), Telefax: Telefax: 00 251 11 123 51 64
E-Mail: mil-1@addi.auswaertiges-amt.de (VgAtt)

AFGHANISTAN

Verteidigungsattaché (10/12)

Embassy of the Federal Republic of Germany
P.O. Box 83
KABUL, AFGHANISTAN
Telefon: 0228 17 7175 110 (Zentrale), Telefax: 0228 17 7518
E-Mail: mil-1@kabu.auswaertiges-amt.de (MilPolBerater)

ALBANIEN
zugleich MAZEDONIEN

Verteidigungsattaché Oberstleutnant i.G. (H) Guido Altendorf

Botschaft der Bundesrepublik Deutschland
Rruga Skénderbeu Nr. 8
TIRANA, ALBANIEN
Telefon: 00 355 4 2274 505 (Zentrale), Telefax: 00 355 4 223 2050 Zentrale
E-Mail: mil-1@tira.auswaertiges-amt.de (StvVgAtt)

ALGERIEN
zugleich LIBYEN

Verteidigungsattaché Oberstleutnant i.G. (H) Dr. Klaus Markus Brust

Stv. Verteidigungsattaché Oberstleutnant i.G. (H) Gerhard Ahlswede
Botschaft der Bundesrepublik Deutschland
Militärattachéstab
165 Chemin Sfindja
P.B. 664
16000 Alger /Algerien
Telefon: 00 213 21 74 19 41 650 (VgAtt), Telefax: 00 213 21 74 54 92
E-Mail: mil-1@algi.auswaertiges-amt.de (VgAtt)

ARGENTINIEN
zugleich URUGUAY, BOLIVIEN

Verteidigungsattaché Oberst i.G. (H) Gerhard Harm Polter

Embajada de la República Federal de Alemania
Calle Villanueva 1055,
C1426 BMC BUENOS AIRES, ARGENTINIEN
Telefon: 00 54 11 4778 2500 (Zentrale), Telefax: 00 54 114 778 2550
E-Mail: mil-1@buen.auswaertiges-amt.de (VgAtt)

AUSTRALIEN
zugleich NEUSEELAND

Verteidigungsattaché Oberstleutnant i.G. (Lw) Bernd Pfaffenbach

Embassy of the Federal Republic of Germany
119 Empire Circuit
Yarralumla A.C.T. 2600
CANBERRA, AUSTRALIEN
Telefon: 00 61 2 6270 1911 (Zentrale), Telefax: 00 61 2 6270 1951
E-Mail: mil-1@canb.auswaertiges-amt.de (VgAtt)

BELGIEN
zugleich LUXEMBURG

Verteidigungsattaché Oberstleutnant i.G.(H) Heino Matzken

Botschaft der Bundesrepublik Deutschland
Rue Jacques de Lalaingstraat 8 - 14
B - 1040 BRÜSSEL (Etterbeek), BELGIEN
Telefon: 00 32 2 787 1800 (Zentrale), Telefax: 00 32 2 787 2800 (Zentrale)
E-Mail: mil-1-di@brue.auswaertiges-amt.de (VgAtt)

BOSNIEN und HERZEGOWINA
zugleich KOSOVO

Verteidigungsattaché Oberstleutnant i.G. (H) Rupert Steeger

Botschaft der Bundesrepublik Deutschland
71000 Sarajevo
House of Europe, Skenderija 3
Bosnien und Herzegowina
Telefon: 00 387 33 565 300 (Zentrale), Telefax: 00 387 3 344 3870
E-Mail: mil-1@sarj.auswaertiges-amt.de (VgAtt)

BRASILIEN

Verteidigungsattaché Kapitän zur See (M) Bernd Friedrich Kuhbier

Embaixada da República Federal da Alemanha
Av. das Nações, Lote 25, SES, Quadra 807
70415-900 BRASILIA-DF, BRASILIEN
Telefon: 00 55 61 3442 7000 (Zentrale), Telefax: 00 55 61 3443 7508
E-Mail: mil-1@bras.auswaertiges-amt.de (VgAtt)

CHILE
zugleich ECUADOR, PARAGUAY

Verteidigungsattaché Oberst i.G. (H) Lothar Likus

Botschaft der Bundesrepublik Deutschland Santiago de Chile
Casilla 220 Correro 30, Las Hualtatas 5677
Vitacura, Santiago de Chile
Telefon: 00 56 2 2463 2500 (Zentrale), Telefax: 00 56 2 2463 2525 (Zentrale)
E-Mail: mil-1@santi.auswaertiges-amt.de (VgAtt)

CHINA
zugleich MONGOLEI

Verteidigungs- und Heeresattaché Oberst i.G. (H) Carlo Schnell

Stv. Verteidigungs- und Marineattaché Fregattenkapitän Helmut Greve
Stv. Verteidigungs- und Luftwaffenattaché Oberstleutnant i.G. (Lw) Daniel Schneider
Embassy of the Federal Republic of Germany
17, Dong Zhi Men Wai DaJie / Chaoyang Qu
BEIJING; 100600
Telefon: 00 86 10 8532 9436 (VgAtt), Telefax: 00 86 10 8532 9445 (Mil/Presse)
E-Mail: mil-1@peki.auswaertiges-amt.de (VgAtt)

DÄNEMARK

Verteidigungsattaché Oberstleutnant i.G. (Lw) Jörg Hartmann

Forbundsrepublikken Tyskland Ambassade
Stockholmsgade 57
DK - 2100 KOPENHAGEN OE. DÄNEMARK
Telefon: 00 45 3 545 9900 (Zentrale), Telefax: 00 45 3545 9901 oder
E-Mail: mil-1@kope.auswaertiges-amt.de (VgAtt)

FINNLAND
zugleich ESTLAND

Verteidigungsattaché Oberstleutnant i.G.(H) Konstantin Bellini

Botschaft der Bundesrepublik Deutschland
Krogiuksentie 4 b
FI - 00340 HELSINKI, FINNLAND
Telefon: 00 358 9 458 58 0 (Zentrale), Telefax: 00 358 9 458 58 258 (Zentrale)
E-Mail: mil-1@hels.auswaertiges-amt.de (VgAtt)

FRANKREICH

Verteidigungs- u. Luftwaffenattaché Brigadegeneral (Lw) Hans-Dieter Poth

Marineattaché Kapitän z.S. Ralf Schmitt-Raiser
Heeresattaché Oberst i.G. (H) Lars Jacobs
Wehrtechnischer Attaché Leitender Technischer Regierungsdirektor Dipl.-Phys. Reinhard Färber
Stv. Verteidigungsattaché Oberstleutnant i.G. (H) Frank Fischer
Stv. Wehrtechnischer Attaché Oberregierungsrat Alexander Holzapfel
Ambassade de la République Fédérale d'Allemagne
13/15 Avenue Franklin D. Roosevelt,
F - 75008 PARIS, FRANKREICH
Telefon: 00 33 1 5383 4 500, Telefax: 00 33 1 5383 4505
E-Mail: mil-120-dip@pari.auswaertiges-amt.de

GEORGIEN

Verteidigungsattaché Oberstleutnant i.G.(H) Bernhard Hopp

Botschaft der Bundesrepublik Deutschland
Hotel Sheraton Metechi Palace
Telawi Str. 20
0103 Tiflis, GEORGIEN
Telefon: 00 995 32 2 44 73 00 (Zentrale), Telefax: 00 995 32 2 44 73 64 MilAttStab
E-Mail: mil-1@tifl.auswaertiges-amt.de (VgAtt)

GRIECHENLAND

zugleich ZYPERN

Verteidigungsattaché Oberst i.G. (H) Norbert Dreschke

Wehrtechnischer Attaché Technischer Regierungsdirektor Dipl.-Ing. Frank-Joachim Borken
Botschaft der Bundesrepublik Deutschland
Karaoli u. Dimitriou 3
GR - 106 75 ATHEN, GRIECHENLAND
Telefon: 00 30 210 7285 111 (Zentrale), Telefax: 00 30 210 7295 490
E-Mail: mil-1@athe.auswaertiges-amt.de (VgAtt)

GROSSBRITANNIEN
zugleich IRLAND

Verteidigungs- und Marineattaché Flottillenadmiral Karl-Wilhelm Ohlms

Luftwaffenattaché Oberst i.G. (Lw) Andreas Pfeiffer
Heeresattaché Oberst i.G. (H) Michael Haller
Stv. Marineattaché Fregattenkapitän Jan Hackstein
Wehrtechnischer Attaché Leitender Technischer Regierungsdirektor Dipl.-Ing. Robert Speicher
Stv. Wehrtechn. Attaché Technischer Oberregierungsrat Dipl.-Ing Michael Schubert
Botschaft der Bundesrepublik Deutschland
23, Belgrave Square/Chesham Place
LONDON SW 1 X 8 PZ, GROSSBRITANNIEN
Telefon: 00 44 20 7824 - 1392 oder App.-Nr., Telefax: 00 44 20 7824 - 1390
E-Mail: Org.-Kennzeichen +@lond.auswaertiges-amt.de

INDIEN
zugleich NEPAL,BANGLADESCH, SRI LANKA

Verteidigungsattaché Oberst i.G. (Lw) Achim Hertgens

Stv. Verteidigungsattaché Oberstleutnant i.G. (H) Martin Walter
Wehrtechnischer Attaché Technischer Regierungsdirektor Dipl.-Ing. Patrick Stotz
Embassy of the Federal Republic of Germany
No.6/50 G, Shantipath, Chanakyapuri,
NEW DELHI 110021, INDIEN
Telefon: 00 91 11 44199 199 (Zentrale), Telefax: 00 91 11 2687 1889 (MilAttStab)
E-Mail: mil-1@newd.auswaertiges-amt.de (VgAtt)

INDONESIEN
zugleich BRUNEI, PHILIPPINEN

Verteidigungsattaché Oberst i.G. (H) Gerd Hollstein

Embassy of the Federal Republic of Germany
J1. M.H. Thamrin No. 1
JAKARTA 10310
INDONESIA
Telefon: 00 62 21 39855 000 (Zentrale), Telefax: 00 62 21 398 55 130
E-Mail: mil-1@jaka.auswaertiges-amt.de (VgAtt)

IRAN

Verteidigungsattaché Oberstleutnant i.G. (H) Franz-Josef Nolte

Embassy of the Federal Republic of Germany
Ferdowsi Ave No 320-324
TEHERAN, IRAN
Telefon: 00 98 21 3999 0000 (Zentrale), Telefax: 00 98 21 3999 1880
E-Mail: mil-1@tehe.auswaertiges-amt.de (VgAtt)

ISRAEL

Verteidigungsattaché und Luftwaffenattaché Oberst i.G. (Lw) Rainer Moskopp

Stv. Verteidigungsattaché und Heeresattaché Oberstleutnant i.G. (H) Wolfram Ruthe
Stv. Verteidigungsattaché und Marineattaché Fregattenkapitän Stephan Jütten
Embassy of the Federal Republic of Germany
3, Daniel Frish Street, 19 Stock
TEL AVIV, ISRAEL
Telefon: 00 972 3 6931 313 (Zentrale), Telefax: 00 972 3 696 9217
E-Mail: mil-1@tela.auswaertiges-amt.de (VgAtt / LwAtt)

ITALIEN
zugleich MALTA

Verteidigungsattaché Oberst i.G. (H) Georg Oel

Stv. Verteidigungsattaché Oberstleutnant i.G. (Lw) Carsten Schneier
Wehrtechnischer Attaché Technischer Regierungsdirektor Dipl.-Ing. Christoph Thelen
Ambasciata della Repubblica Federale di Germania
Via San Martino della Battaglia 4
I - 00185 ROMA, ITALIA
Telefon: 00 39 064 9213 1 (Zentrale), Telefax: 00 39 064 9213 296
E-Mail: Org.-Kennzeichen +-dip@rom.auswaertiges-amt.de

JAPAN

Verteidigungsattaché Oberst i.G. (Lw) Carsten Busch

Embassy of the Federal Republic of Germany
Militärattachéstab
4-5-10 Minami Azabu, Minato-Ku
TOKYO 106-0047, JAPAN
Telefon: 00 81 3 5791 7700 (Zentrale), Telefax: 00 81 3 5791 7773 MilAttStab
E-Mail: mil-1@toky.auswaertiges-amt.de (VgAtt)

JORDANIEN

Verteidigungsattaché Oberstleutnant i.G. (H) Hubert Kemper

Botschaft der Bundesrepublik Deutschland
Militärattachéstab
Benghazi Str. 25, Postfach 183
11118 Amman / Jordanien
Telefon: 00 962 6 5901 170 Zentrale, Telefax: 00 962 6 5901 291
E-Mail: mil-1@amma.auswaertiges-amt.de (VgAtt)

KANADA

Verteidigungsattaché Oberstleutnant i.G. (H) Ralf Heimrich

Embassy of the Federal Republic of Germany
1 Waverley Street, OTTAWA, Ontario
K 2 P OT 8, CANADA
Telefon: 00 1 613 232 1101 (Zentrale), Telefax: 00 1 613 232 9691 (MilAttStab
E-Mail: mil-1@otta.auswaertiges-amt.de (VgAtt)

KASACHSTAN
zugleich KIRGISISTAN

Verteidigungsattaché Oberstleutnant i.G. (H) Ferdinand Freiherr von Richthofen

Botschaft der Bundesrepublik Deutschland
ul. Kosmonawtow 62
010000 ASTANA, KASACHSTAN
Telefon: 00 7 7172 791 200 (Zentrale), Telefax: 00 7 7172 791 213 (Zentrale)
E-Mail: mil-1@asta.auswaertiges-amt.de (VgAtt)

KENIA
zugleich TANSANIA, RUANDA, UGANDA

Verteidigungsattaché Oberstleutnant i.G. (H) Manfred Höngesberg

Embassy of the Federal Republic of Germany
Riverside Drive 113
NAIROBI, KENIA
Telefon: 00 254 20 4262 218 (VgAtt), Telefax : 00 254 20 4262 129 (Zentrale)
E-Mail: mil-1@nair.auswaertiges-amt.de (VgAtt)

KOLUMBIEN

Verteidigungsattaché Fregattenkapitän Martin Piechot

Agregaduria de Defensa
Embajada de la República Federal de Alemania
Calle 110 No. 9-25, piso 11
Edificio Torre Empresarial Pacific, P.H.
BOGOTÁ, D.C., Colombia
Telefax: 00 57 1 4232 615 (Zentrale)
E-Mail: mil-1@bogo.auswaertiges-amt.de (VgAtt)

KONGO, DR
zugleich GABUN, KONGO, R, KAMERUN, ANGOLA

Verteidigungsattaché Oberstleutnant i.G. (H) Thomas Brillisauer

Stv Verteidigungsattaché Oberstleutnant i.G. (H) Jens Ludwig
Botschaft der Bundesrepublik Deutschland
82, Avenue du Roi Baudouin,
KINSHASA-GOMBE, DR KONGO
Telefon: 00 243 815 56 13 80/81/82 (Zentrale)
E-Mail: mil-1 @kins.auswaertiges-amt.de (VgAtt)

KOREA, REPUBLIK

Verteidigungsattaché Oberst i.G. (H) Hermann Beckmann

Embassy of the Federal Republic of Germany
32, Jangmun-ro
Yongsan-Gu
SEOUL 100-612, REPUBLIC OF KOREA
Telefon: 00 82 2 748 4127 (VgAtt), Telefax: 00 82 2 748 4161
E-Mail: mil-1@seou.auswaertiges-amt.de (VAtt)

KROATIEN

Verteidigungsattaché Oberstleutnant i.G. (Lw) Jörg Rauber

Botschaft der Bundesrepublik Deutschland
Ulica grada Vukovara 64
HR - 10000 ZAGREB, KROATIEN
Telefon: 00 385 1 63 00 111 (VgAtt), Telefax: 00 385 1 615 8855
E-Mail: mil-1@zagr.auswaertiges-amt.de (VgAtt)

LETTLAND
zugleich LITAUEN

Verteidigungsattaché Oberstleutnant i.G. (Lw) Achim Neitzert

Botschaft der Bundesrepublik Deutschland
Raina Bulvaris 13
LV - 1050 RIGA, LETTLAND
Telefon: 00 371 6708 51 41 (VgAtt), Telefax: 00 371 6708 51 47
E-Mail: mil-1@riga.auswaertiges-amt.de (VgAtt)

LIBANON
zugleich SYRIEN

Verteidigungsattaché Oberstleutnant i.G. (H) Uwe Brettschneider

Embassy of the Federal Republic of Germany
Near Jesus & Mary High School
Rabieh 7 Mtaileb, Beirut
Telefon: 00 961 4 93 5066 (VgAtt), Telefax: 00 961 4 93 5001
E-Mail: mil-1@beir.auswaertiges-amt.de (VgAtt)

MAROKKO
zugleich MAURETANIEN, SENEGAL

Verteidigungsattaché Oberstleutnant i.G. (Lw) Fritz Dollwet

Ambassade de la République fédérale d'Allemagne
7, Zankat Madnine,
10000 RABAT, MAROKKO
Telefon: 00 212 537 21 8600 (Zentrale), Telefax: 00 212 537 70 6851
E-Mail: mil-1@raba.auswaertiges-amt.de (VgAtt)

MEXIKO
zugleich BELIZE, EL SALVADOR,GUATEMALA, HONDURAS,NICARAGUA

Verteidigungsattaché Oberstleutnant i.G.(Lw) Dirk Kraus

Embajada de la Republica Federal de Alemania
Horacio 1506, Col. Los Morales, Sección Alameda
11530 MEXICO, D.F., MEXICO
Telefon: 00 52 55 52 83 22 00 (Zentrale), Telefax: 00 52 55 52 81 25 88
E-Mail: mil-1@mexi.auswaertiges-amt.de (VgAtt)

NIEDERLANDE

Verteidigungsattaché Oberstleutnant i.G. (H) Joachim Schmidt

Ambassade van de Bondsrepubliek Duitsland
Groot Hertoginnelaan 18 – 20
NL - 2517 EG DEN HAAG, NIEDERLANDE
Telefon: 00 31 70 342 0600 (Zentrale), Telefax: 00 31 70 365 1957 (Zentrale), 00 31 70 365 3248 (MilAttStab)
E-Mail: mil-1@denh.auswaertiges-amt.de (VgAtt)

NIGERIA
zugleich BENIN, BURKINA FASO, GHANA, ELFENBEINKÜSTE, MALI

Verteidigungsattaché Oberstleutnant i.G. (H) Frank de Waele

Stv. Verteidigungsattaché Fregattenkapitän Wolf KINZEL
Botschaft der Bundesrepublik Deutschland
9 Lake Maracaibo Close (off Amazon Street),
Maitama, ABUJA FCT, NIGERIA
Telefon: 00 234 9 220 80 10 (Zentrale), Telefax: –
E-Mail: mil-1@abuj.auswaertiges-amt.de (VgAtt)

Erreichbarkeit und Besetzung BAMAKO, Mali
Stv. Verteidigungsattaché Oberstleutnant i.G. (H) Werner Hoffmann
Telefon: 00 223 20 70 07 83 (Durchwahl Festnetz), Telefax: -
E-Mail: mil-1-1@bama.auswaertiges-amt.de (StvVgAtt)

NORWEGEN
zugleich ISLAND

Verteidigungsattaché Fregattenkapitän Michael Sauerborn

Embassy of the Federal Republic of Germany
Oscarsgata 45
N - 0244 OSLO , NORWEGEN
Telefon: 00 47 2 327 5400 (Zentrale), Telefax: 00 47 2 327 5444
E-Mail: mil-1@oslo.auswaertiges-amt.de (VgAtt)

ÖSTERREICH
zugleich SLOWENIEN

Verteidigungsattaché Oberstleutnant i.G. (H) Heinz Joachim Timmer

Botschaft der Bundesrepublik Deutschland
Metternichgasse 3
A - 1030 WIEN, ÖSTERREICH
Telefon 00 43 17 1154 9 (Zentrale), Telefax 00 43 17 138 366 (MilAttStab)
E-Mail: mil-1-dip@wien.auswaertiges-amt.de (VgAtt)

PAKISTAN

Verteidigungsattaché Fregattenkapitän Carsten Klenke

Embassy of the Federal Republic of Germany
Ramma 5, Ispahani Road
Diplomatic Enclave,
ISLAMABAD, PAKISTAN
Telefon: 00 92 51 2007 108 (VgAtt), Telefax: 00 92 51 283 2127
E-Mail: mil-1@isla.auswaertiges-amt.de (VgAtt)

PERU
zugleich VENEZUELA, PANAMA

Verteidigungsattaché Oberstleutnant i.G.(H) Jürgen Menner

Embajada de la República Federal de Alemania
Avenida Arequipa 4210
LIMA 18 - Miraflores, PERU
Telefon: 00 51 1 203 5940 (Zentrale), Telefax: 00 51 1 422 6475 Zentrale
E-Mail: mil-1@lima.auswaertiges-amt.de (VgAtt)

POLEN

Verteidigungsattaché Oberst i.G. (H) Joachim Franke

Ambasada Republiki Federalnej Niemiec
ul. Jazdów 12
00 - 467 WARSCHAU, POLEN
Telefon: 00 48 22 58 41 700 (Zentrale), Telefax: 00 48 22 58 41 759
E-Mail: mil-1@wars.auswaertiges-amt.de (VgAtt)

PORTUGAL

Verteidigungsattaché Fregattenkapitän Franz-Josef Birkel

Embaixada da República Federal da Alemanha
Campo dos Mártires da Pátria No 38
1169-043 LISSABON, PORTUGAL
Telefon: 00 351 21 8810 225 (VgAtt), Telefax: 00 351 21 8810 260
E-Mail: mil-1@liss.auswaertiges-amt.de (VgAtt)

RUMÄNIEN
zugleich Republik MOLDAU, BULGARIEN

Verteidigungsattaché Oberstleutnant i.G. (H) Berthold Eisenreich

Ambasada Republicii Federale Germania
Str. Cpt. Av. Ghe. Demetriade 6-8
011848 BUCURESTI, REPUBLICA ROMANIA
Telefon: 00 40 21 2029 830 (Zentrale), Telefax: 00 40 21 2029 735
E-Mail: mil-1@buka.auswaertiges-amt.de (VgAtt)

RUSSISCHE FÖDERATION
zugleich TURKMENISTAN, ARMENIEN

Verteidigungsattaché Brigadegeneral (H) Reiner Schwalb

Heeresattaché Oberst i.G. (H) Joachim Bruns
Luftwaffenattaché Oberst i.G. (Lw) Thorsten Köhler
Marineattaché Kapitän zur See Jochen Ungethüm
Wehrtechnischer Attaché Leitender Technischer Regierungsdirektor Dr. Reinhard Brause
Stv Verteidigungsattaché Oberstleutnant i.G. (H) Andreas Leibner
Botschaft der Bundesrepublik Deutschland
Mosfilmovskaya Ul. 56
119285 MOSKAU, RUSSLAND
Telefon: 00 7 495 937 9500, Telefax: 00 7 499 783 0884
E-Mail: mil-s1@mosk.auswaertiges-amt.de

SAUDI ARABIEN
zugleich BAHRAIN, JEMEN, OMAN

Verteidigungsattaché Oberst i.G. (Lw) Peter Gehrhardt

Embassy of the Federal Republic of Germany
RIYADH 11693, SAUDI-ARABIEN
Diplomatic Quarter
Telefon: 00 966 11 2776 938 (VgAtt), Telefax: 00 966 11 488 0660
E-Mail: mil-1@riad.auswaertiges-amt.de (VgAtt)

SCHWEDEN

Verteidigungsattaché Fregattenkapitän Dirk Zimmer

Botschaft der Bundesrepublik Deutschland
Skarpögatan 9
S - 11593 STOCKHOLM, SCHWEDEN
Telefon: 00 46 8 670 1500 (Zentrale), Telefax: 00 46 8 670 1574
E-Mail: mil-1@stoc.auswaertiges-amt.de (VgAtt)

SCHWEIZ

Verteidigungsattaché Oberstleutnant i.G. (Lw) Nicolas Radke

Botschaft der Bundesrepublik Deutschland
Willadingweg 83,
CH - 3006 BERN, SCHWEIZ
Telefon: 00 41 31 359 4111 (Zentrale), Telefax: 00 41 31 359 4444 (Zentrale)
E-Mail: mil-1@bern.auswaertiges-amt.de (VgAtt)

SERBIEN
zugleich MONTENEGRO

Verteidigungsattaché Oberstleutnant i.G. (H) Ulrich Timmermann

Ambasada Savezne Republike Nemacke
Ul. Neznanog Junaka 1a
11000 BELGRAD, SERBIEN
Telefon: 00 381 11 3064 300 (Zentrale), Telefax: 00 381 11 3064 303 (Zentrale)
00 381 11 3064 306 (MilAttStab)
E-Mail: mil-1@belg.auswaertiges-amt.de (VgAtt)

SINGAPUR

Verteidigungsattaché Oberst i.G. Rainer Schwickart (Lw)

Botschaft der Bundesrepublik Deutschland
50 Raffles Place
#12-00 Singapore Land Tower
Singapore 048623
Telefon: 00 65 6533 6002 (Zentrale), Telefax: 00 65 6533 1132 (Zentrale)
E-Mail: mil-1@sing.auswaertiges-amt.de (VgAtt)

SLOWAKISCHE REPUBLIK

Verteidigungsattaché Oberstleutnant i.G. (H) Lars Ukerwitz

Botschaft der Bundesrepublik Deutschland
Hviezdoslavovo námestie 10
SK - 813 03 BRATISLAVA,
SLOWAKISCHE REPUBLIK
Telefon: 00 421 2 5920 44 00 (Zentrale), Telefax: 00 421 2 5441 14 80
E-Mail: mil-1@pres.auswaertiges-amt.de (VgAtt)

SPANIEN

Verteidigungsattaché Oberst i.G. (Lw) Bernd Albers

Stv. Verteidigungsattaché Fregattenkapitän (M) Jens Müller
Wehrtechnischer Attaché Technischer Regierungsdirektor Dipl. Ing. Markus Welzbacher
Embajada de la República Federal de Alemania
Calle de Fortuny, 8
E - 28010 MADRID, SPANIEN
Telefon: 00 34 91 557 9000 (Zentrale), Telefax: 00 34 91 557 9085
E-Mail: mil-1@madri.auswaertiges-amt.de (VgAtt)

SÜDAFRIKA
zugleich BOTSUANA, LESOTHO, NAMIBIA, SIMBABWE, MOSAMBIK

Verteidigungsattaché Kapitän z.S. Rainer Kümpel

Stv. Verteidigungsattaché Oberstleutnant i.G. (Lw) Alexander Hopper
Embassy of the Federal Republic of Germany
180, Blackwood Street, Arcadia
PRETORIA, 0083, SÜDAFRIKA
Telefon: 00 27 12 427 8900 (Zentrale), Telefax: 00 27 12 344 3629 (MilAttStab)
E-Mail: mil-1@pret.auswaertiges-amt.de (VgAtt)

TÜRKEI
zugleich ASERBAIDSCHAN

Verteidigungsattaché Oberst i.G.(H) Michael SCHRAML

Stv. Verteidigungsattaché Fregattenkapitän Björn Kohlhaas
Wehrtechnischer Attaché Technischer Regierungsdirektor Franz Kreissl
Botschaft der Bundesrepublik Deutschland
114 Atatürk Bulvari,
TR - 06540 Kavaklidere - ANKARA, TÜRKEI
Telefon: 00 90 312 4555 100 (Zentrale), Telefax: 00 90 312 4555 338
E-Mail: mil-1@anka.auswaertiges-amt.de (VgAtt)

THAILAND
zugleich VIETNAM

Verteidigungsattaché Oberstleutnant i. G. (Lw) Ansgar Siebrecht

Embassy of the Federal Republic of Germany
9, South Sathorn Road,
BANGKOK 10 120, THAILAND
Telefon: 00 66 2 287 9000 (Zentrale), Telefax: 00 66 2 287 9090
E-Mail: mil-1@bangk.auswaertiges-amt.de (VgAtt)

TSCHECHISCHE REPUBLIK

Verteidigungsattaché Oberstleutnant i.G. (H) Andreas Meister

Velvyslanectvi Spolkové Republiky Némecko
Vlasská 19
PRAG 1, Malá Strana, TSCHECHISCHE REPUBLIK
Telefon: 00 420 257113 235 (VgAtt), Telefax: 00 420 257113 219
E-Mail: mil-1@prag.auswaertiges-amt.de (VgAtt)

TUNESIEN

Verteidigungsattaché Oberstleutnant i.G. (H) Timm Ahrens

Ambassade de la République fédérale d'Allemagne
1, Rue el Hamra
1002 Tunis - Mutuelleville
TUNESIEN
Telefon: 00 216 71 143 200 (Zentrale), Telefax: 00 216 71 788 242 (Zentrale)
E-Mail: mil-1@tuni.auswaertiges-amt.de (VgAtt)

UKRAINE

Verteidigungsattaché Oberst i.G.(Lw) Christian Farkhondeh

Botschaft der Bundesrepublik Deutschland
Vul. B. Chmelnizkogo 25
01901 KIEW, UKRAINE
Telefon: 00 380 44 247 6800 (Zentrale), Telefax: 00 380 44 490 2539
E-Mail: mil-1 @kiew.auswaertiges-amt.de (VgAtt)

UNGARN

Verteidigungsattaché Oberst i.G. (H) Manfred Knopp

Botschaft der Bundesrepublik Deutschland
Ùri utca 64 - 66
H - 1014 BUDAPEST, UNGARN
Telefon: 00 36 1 488 3500 (Zentrale), Telefax: 00 36 1 488 3505 (Zentrale)
E-Mail: mil-1@buda.auswaertiges-amt.de (VgAtt)

USBEKISTAN
zugleich TADSCHIKISTAN

Verteidigungsattaché Oberstleutnant i.G.(H) Matthias Pfeiffer

Botschaft der Bundesrepublik Deutschland
Scharaf-Raschidow-Kutschassi 15,
TASCHKENT 100017 - USBEKISTAN
Telefon: 00 998 71 1208 440 (Zentrale), Telefax: 00 998 71 1208 487
E-Mail: mil-1@tasc.auswaertiges-amt.de (VgAtt)

VEREINIGTE ARABISCHE EMIRATE
zugleich KATAR, KUWEIT

Verteidigungsattaché Oberstleutnant i.G. (H) Hans-Jürgen Lauer

Stv. Verteidigungsattaché Oberstleutnant i. G. (Lw) Roland Stein
Embassy of the Federal Republic of Germany
Towers at the Trade Centre
West Tower – 14th Floor
Abu Dhabi Mall
ABU DHABI, VEREINIGTE ARABISCHE EMIRATE
Telefon: 00 971 2 644 6693/9425/7697/9861 (Zentrale), Telefax: 00 971 2 644 6942
E-Mail: mil-1@abud.auswaertiges-amt.de (VgAtt)

Vereinigte Staaten von AMERIKA

Verteidigungsattaché Brigadegeneral (H) Dirk H. Backen

Heeresattaché Oberst i.G. (H) Klaus-Werner Finck
Luftwaffenattaché Oberst i.G. (Lw) Bernhard Altersberger
Marineattaché Kapitän z.S. Michael Setzer
Wehrtechnischer Attaché Leitender Technischer Regierungsdirektor Dipl.-Phys. Maik Kammermann
Stv. Heeresattaché Oberstleutnant i.G. (H) Marco Tkotz
Stv. Luftwaffenattaché OTL i.G. (Lw) Michael von Maltzahn
Stv. Marineattaché Fregattenkapitän Tobias Voß
Stv. Wehrtechnischer Attaché (Rü-Wirtschaft) Regierungsdirektorin Susanne Friedrichs
Stv. Wehrtechnischer Attaché (Wehrtechnik) Technischer Regierungsdirektor Tobias Fehlhaber

Embassy of the Federal Republic of Germany
2300 M Street, NW
Suite 100 (für Rechts- und Konsularabteilung)
Suite 300 (für alle anderen Arbeitseinheiten)
WASHINGTON; DC 20037-1434, USA
Telefon: 001 202 2984 000 (Zentrale), Telefax: 001 202 2984 321 (MilAttStab)
E-Mail: mil-1+@wash.auswaertiges-amt.de

Erläuterungen zu den aufgeführten Daten:

Stärke der Armee: Summe der Teilstreitkräfte (TSK) Heer, Luftwaffe und Marine, aber auch ggf. Nationalgarde, Paramilitärs, Küstenwache u.ä. (alle hier nicht gesondert aufgeführt, außer falls eigene TSK)

Technisches Gerät:

Kampfpanzer: Summe aus schweren und leichten Kampfpanzern

Schützenpanzer: Summe aus Panzeraufklärern, Schützenpanzern und gepanzerten Mannschaftstransportern

Kampfflugzeuge: Summe aus Jägern, Bombern und Erdkampfflugzeugen

Dieses Handbuch beruft sich auf folgende Quellen:

Bundesministerium der Verteidigung

Der neue Fischer Weltalmanach 2014

SIPRI Yearbook 2013

The Military Balance 2013 (IISS)

The World Factbook 2014 (CIA)

The World Defence Almanac 2013

Eigene Recherche

Inserentenverzeichnis: